MW01199994

CÓMO NOS HICIMOS AMIGAS

inseparables
para siempre
Care Santos

CÓMO NOS HICIMOS AMIGAS

EDICIONES **B**
GRUPO ZETA

Barcelona • Bogotá • Buenos Aires • Caracas • Madrid • México D. F.
Montevideo • Quito • Santiago de Chile

1.ª edición: junio, 2003

© 2003, Care Santos

© 2003, Ediciones B, S.A. en español para todo el mundo
Bailén, 84 - 08009 Barcelona (España)
www.edicionesb.com

Impreso en Argentina - Printed in Argentine
ISBN: 84-666-1244-0
Depósito legal: B. 10.699-2003

Supervisión de Producción: Carolina Di Bella
Impreso por Printing Books, Mario Bravo 837,
Avellaneda, Buenos Aires, en el mes de marzo de 2004.

cómo empezó todo

Si me preguntaran qué es lo que más valoro en la vida contestaría, sin miedo a cambiar nunca de opinión ni a equivocarme: la amistad. No porque tenga muchas amigas (o amigos, aunque los chicos pertenecen a otra categoría) sino porque las que tengo son muy especiales. Ellas piensan lo mismo de mí, por si a alguien le interesa.

Ayer mismo estábamos en una de esas terracitas del barrio, tomando unas acalóricas aguas sin gas, como siempre, cuando alguien nos preguntó cómo nos conocimos. Fue muy divertido contarle todo, desde el día que quitaron los andamios del piso hasta aquel lío que armamos en las fiestas para que Ana conociera al guapo de Mike Pita. Lo mejor fue explicar lo fatal que le caímos a Eli desde la primera vez que nos vio (ella a nosotras tampoco nos gustó mucho), merodeando cerca del ático. Me sorprendió que nos riéramos tanto contando nuestras propias aventuras, y también que todo parezca ahora tan lejano cuando de esas cosas hace sólo poco más de un año. Eso me dio una idea. Ponerlo por escrito. Espero que mis ganas de hacerlo no se acaben antes de llegar al final de la historia, porque sería una faena (sobre todo por si hay alguien interesado en el asunto). También espero llegar al final para demostrarle a mi madre que no soy inconstante ni vaga y que, de vez en cuando, termino las cosas que comienzo. Ah, y que soy capaz —aunque con una pequeña ayuda del corrector ortográfico del ordenador— de escribir sin cometer demasiadas faltas de ortografía. ¿O era hortografía? Ju, menudo susto, ¿no?

Supongo que hay que empezar por el principio. Pues vamos allá.

Voy a hablar de cosas que ocurrieron el verano pasado y que empezaron para mí en el momento en que mis padres decidieron, según decían ellos, «darme un capricho». Aclaro «decían ellos» porque no es verdad, pero en fin, ¿alguna vez estamos de acuerdo con lo que dicen nuestros padres?

Pero lo primero es presentaros a mis dos mejores amigas. Hago una puntualización: si mamá me hiciera en estos momentos una de esas preguntas tan habituales en ella, como «¿Cuál de las dos es en realidad tu mejor amiga?», yo no sabría qué contestar. Sé lo que le diría: «Las dos.» Y también sé (ay, ¿por qué serán tan previsibles las madres?) lo que contestaría ella: «Vamos, Julia, ¡no se puede tener dos mejores amigas. Tienes que elegir.» Yo le diría que me niego a elegir. Que las dos son igual de importantes. Ella arrugaría la nariz y levantaría una ceja (no sé cómo hace eso, pero lo hace, os lo prometo), como siempre que no me cree. Y tal vez tendría sus motivos, porque no siempre he tenido tan claro quién de las dos era mi mejor amiga, como iréis adivinando por mi historia. Las madres juegan con ventaja: nos conocen demasiado bien y desde hace demasiado tiempo (*todo* el tiempo, en realidad).

Pero no me enrollo más. Voy a presentaros a las chicas, a mis mejores amigas (que son dos, diga mi madre lo que diga).

Imaginad a una de esas tías de anuncio. Una muy guapa, muy rubia, muy alta, con los ojos muy azules, las piernas muy largas, talla treinta y ocho y el pelo por la cintura. ¿Ya? Ahora le añadís una cabeza de chorlito, un gran sentido del humor, algo de mal genio y una especie de enfado constante con el mundo. Ahí tenéis una imagen bastante aproximada de Eli, Lisa o Elisa, según quien la nombre. A nosotras nos gusta llamarla Eli o Gorda. Lo segundo es cariñoso (aunque no lo parezca), además de mentira.

Ahora imaginad a una chica de pelo negro, de poco más de ciento sesenta centímetros, con los ojos rasgados, la nariz chata y la piel tirando a amarilla, adicta a los cantantes con rizos y al zumo de melocotón, que se ríe todo el tiempo y siempre parece tener muchos motivos para estar muy contenta. Antes de que sus padres la adoptaran, en China, se llamaba Yun-Li. Sus padres le pusieron Ana, pero conservaron la segunda parte de su nombre, que significa algo así como mariposa feliz, flor rosada o una cursilada parecida, que ella detesta. En sus notas pone «Ana-Li», pero ella firma «Analí». A veces bromeamos y la llamamos Ana-Lista, porque es una empollona. O Ana-Ligona, cuando queremos ponerla furiosa.

Y ahora, una vez hechas las presentaciones, vuelvo al principio: decía que todo empezó el día en que quitaron unos andamios. Enseguida os lo explico. En realidad, para mí había empezado un poco antes. Exactamente el día que papá llegó a casa con cara de aumento de sueldo, se fue directo a la cocina (donde mamá mantenía alguna trifulca con una cazuela) y dijo:

—Ya tengo todos los papeles. ¿Se lo decimos a la nena?

Si habéis imaginado que «la nena» soy yo, habéis acertado. Inconvenientes de ser hija única: nunca necesitas un nombre de pila que te diferencie de otros durante las conversaciones, así que tu infancia pasa en el más puro y duro anonimato.

—Podríamos ir con ella para que lo vea —propuso mamá.

—Me han dicho que mañana por la mañana quitan los andamios. Si quieres, vamos por la tarde y le damos la sorpresa.

Por supuesto, ellos no sabían que yo estaba escuchando. No lo tengo por costumbre, es sólo que ese día me encontraba en el baño, intentando (sin ningún éxito) lavar mi camisa vaquera de la tinta de un bolígrafo que había decidido suicidarse en mi bolsillo. Desde allí se oían todas las conversaciones que tenían lugar en la cocina, el pasillo o el salón. Tal vez hayáis deducido, con acierto, que mi antigua casa no era muy grande.

Todo iba bien (excepto mi colada) cuando mamá pronunció aquella frase terrible:

—De acuerdo, pero no le va a gustar. Ella espera otra cosa.

He de reconocer que empecé a temer lo peor.

En aquella época, yo sólo tenía un sueño en la vida: marcharme del barrio. Mi familia vive aquí desde tiempo inmemorial, desde que el tatarabuelo de mi tatarabuelo llegó a la ciudad desde el otro extremo del país. Huía de su pueblo, porque su familia tenía mucho dinero y él no estaba dispuesto a casarse con la chica más rica y más fea de la comarca, que le reservaban sus padres desde poco después de nacer. Eso de que huyera de lo que otros habían decidido para él siempre me pareció muy bien, yo lo único que le criticaba era su ojo a la hora de elegir dónde quedarse a prosperar. Se estableció aquí y puso una taberna. En algunas épocas había sido también fonda, casa de comidas, pensión y tasca. Tuvo suerte de que estuviera cerca el mercado de abastos de la ciudad. Sí, sí, esa mole grande y negra que ahora algún pirado quiere convertir en museo. Su taberna es ahora un restaurante de comida casera que dirige mi padre y en el que yo ayudo de vez en cuando. Cuando mis amigas se meten con mi afición a la cocina, yo suelo contestar con esta historia familiar, diciendo que lo llevo en los genes, igual que otros cargan con sus ojos azules o su pelo rizado. Pero me estoy desviando del tema.

Sea como sea, hemos vivido siempre en este barrio. No hace tanto que empezó a cambiar, con la llegada de parejas jóvenes y con la aparición de tiendas decentes, pero cuando yo era más pequeña os aseguro que era un asco. Aquí sólo había casas que se caían de viejas y personas que se pasaban el día hablando del reuma y de los amigos que se habían muerto últimamente. Yo les conocía a todos. Con algunos me llevaba muy bien, como con Lola Solano, que vendía verduras en los soportales y que siempre me regalaba piruletas. A otros les odiaba con todas mis fuerzas, como a Pilar Paricio, siempre asomada a la ventana para ver quién sacaba la basura a deshoras. No había nadie de mi edad ni nada que hacer. Los domingos era el lugar más aburrido y más triste del mundo. Y el resto de la semana tampoco estaba mucho mejor. Yo quería irme de aquí como fuera, y se lo había dicho a mis padres dos millones de veces, de todas las maneras imaginables, pero nunca parecían dispuestos a tenerme en cuenta. Hasta que de pronto un día papá conoció a una mujer que trabajaba en una inmobiliaria.

Por si no conocéis a nadie que se dedique a vender pisos os tengo que decir que son la subcategoría humana más pesada y aburrida que existe.

De pronto un día supe que mis padres estaban valorando la posibilidad de mudarnos a otra parte, y me sentí feliz como nunca. Yo imaginaba uno de esos barrios del ensanche, llenos de supermercados, tiendas de ropa bonita y de informática y un cine justo al lado de mi portal donde siempre echarían alguna de Nicolas Cage o de Matt Damon. Soñar es gratis, ¿no? Empecé a sospechar que las cosas no iban bien (por lo menos para mí) cuando me di cuenta de que apenas hablaban del asunto. Se guardaban casi toda la información para ellos, y eso me hacía sospechar lo peor. Y resultó que tuve razón: era lo peor. No nos íbamos a otro barrio, sino que nos quedábamos en el de siempre que, por lo visto, se encontraba en un muy buen momento que había que aprovechar para invertir y bla bla bla. Resumiendo, que sólo cambiábamos de calle. Mamá tenía razón: yo esperaba otra cosa. Y no, el piso nuevo no me iba a gustar.

De hecho, la primera vez que entré en él lo hice con la cara más larga que seáis capaces de imaginar. Estaba enfadada con ellos y no pensaba decirles que aquel lugar era bonito por maravilloso que me pareciera. La verdad es que no me pareció mal, y que mi habitación era grande, mucho más grande que la que había tenido hasta entonces, y que la terraza estaba bastante bien para tomar el sol en verano y que hasta tenía una ducha para refrescarse en mitad de los calores, pero yo no cambié mi expresión antipática ni pronuncié una palabra. «Irse a vivir veinte metros más allá de donde has estado siempre no es mudarse —pensaba yo, enfurruñada—. Es una lata.»

Para colmo, tuve que soportar a mi madre haciéndose la simpática con nuestros futuros vecinos. Allí estaban, unos señores estirados, rubios, delgados, sonriendo mucho a mis padres y poniéndose muy contentos porque tenían una hija de mi misma edad.

—A lo mejor os hacéis buenas amigas —dijo la mujer delgada.

«A lo mejor no», pensé yo, y les dejé hablando de las maravillas de la casa nueva (que a mí me traían totalmente sin cuidado): que si aquí hay mucha luz y pocos vecinos, que si la zona es muy tranquila (brrrrrr, ¿qué hay de bueno en eso?), que si los acabados son de primera calidad, que si has visto el platero de la cocina... Y la pesada de la inmobiliaria, claro, estaba tan encantada que reía como un conejo. Qué aburridas pueden llegar a ser las personas mayores sin ni siquiera proponérselo.

Me apoyé en la baranda y miré hacia la calle. En realidad tampoco me interesaba nada de lo que pasara en la calle, pero quería dejarles muy claro que continuaba muy enfadada con ellos. En ésas estaba cuando veo a alguien mirando hacia arriba, precisamente hacia mi balcón. Una chica más o menos de mi edad. Tenía rasgos orientales y me sonreía, y al hacerlo sus ojos se achinaban más aún. De pronto levantó una mano y empezó a saludarme como a cámara lenta. Me molestó que lo hiciera, seguramente porque yo pretendía aislarme del mundo, pero también porque me pareció un poco ridícula. Le saqué la lengua y me esfumé. Quiero decir, entré de nuevo en el piso, donde los cuatro aburridos adultos seguían hablando de sus aburridas cosas.

—¿Pasa algo, hija? —preguntó mamá, que debe de ir siempre armada con un detector de malos rollos.

—Nada —expliqué—, que una idiota me hacía muecas desde la calle.

Cinco minutos después, la idiota estaba frente a mí, con la misma sonrisa y los mismos ojos achinados.

—Esta es nuestra hija —explicó la mujer rubia, mirando con orgullo a la chica—. Mira, Ana-Li, esta nena va a ser tu vecina.

—¿Por qué me has sacado la lengua? —preguntó Ana-Li, poniéndome en evidencia delante de todos. Y como vio que no pensaba contestar a su primera pregunta, formuló la segunda—: ¿Cómo te llamas?

Ha llegado el momento de hablar de mí. Yo soy Julia, soy hija única, vegetariana y géminis. Me gusta cocinar (mamá puntualizaría: «marranear en la cocina») y la música electrónica. Front 242, VNV Nation, Apoptygma Berzerk, Front Line Assembly, Nitzer Ebb y alguno más, aunque ya estoy acostumbrada a que todo el mundo ponga cara rara cuando nombro a mis grupos favoritos. Al principio me ofendía, pero luego he comprendido que hay que saber disculpar la ignorancia ajena. Cuando queráis, hablamos sobre el asunto, pero advierto que mis amigas suelen aburrirse cuando empiezo. Creo que soy un poco bicho raro, pero me da igual. Todo el mundo es como es.

—Se llama Julia —se adelantó mamá.

Esa es otra cosa que detesto: que los mayores tomen decisiones por mí (contestar es tomar una decisión). O que me dejen en ridículo (contestar por una chica de once años que puede y sabe hablar es dejarla en ridículo).

—Tenéis que llevaros bien porque vais a ser vecinas —terció mi padre.

Estuve a punto de replicar que no necesariamente, que también podíamos ser vecinas y detestarnos, pero me callé porque Ana-Li ya estaba metiendo sus narices en mi futura habitación y preguntando:

—¿Tú vas a dormir aquí?

No habría podido aguantar allí un minuto más. Decidí esperar en la calle a que terminaran con las presentaciones y las alabanzas. Llevaba un buen rato fuera, apoyada en la pared del edificio de enfrente, cuando levanté la mirada y descubrí a Ana-Li asomada al balcón. Era el momento de su venganza. En cuanto se dio cuenta de que la miraba me sacó la lengua, dio media vuelta y se escondió. Yo me quedé pensando que esa chica me caía fatal. Y que no habíamos tenido lo que se considera un buen principio.

peor todavía

Puede que os sorprenda si os digo que la segunda vez que nos vimos todavía fue peor.

En casa había mal ambiente. Papá había contratado los servicios de una de esas empresas de mudanzas que se llevan toda tu casa y la depositan en otro lugar sin romper ni un plato. No tengo nada en contra de esos señores, es sólo que mis cedés no los toca nadie. Se lo dije a mi padre, pero se negó a comprenderme. Una frase tan simple, es increíble. En lugar de aceptar mi sencilla propuesta de llevarlos yo misma hasta el piso nuevo, mandó a mamá en plan embajadora neutral para que me convenciera de las muchas ventajas que entrañaba dejar mis discos en manos de aquellos desconocidos en camiseta de tirantes. Típico de los adultos: si hay dos maneras de hacer las cosas, las dos más o menos igual de posibles y razonables, ¿por cuál se decantarán? No falla: por la que se les ha ocurrido a ellos.

Estuve un buen rato repitiéndole a mamá, una y otra vez, mis argumentos para llevar yo misma todos mis cedés al piso nuevo.

—Después de todo —le dije—, no tengo que ir al otro lado de la ciudad, sino sólo a veinte metros. Ni siquiera puede atropellarme un coche porque la zona es peatonal. Yo cojo mi música, lleno una bolsa de deporte y doy un primer viaje hasta allí. Creo que con un par, tal vez tres, habré terminado.

Mamá tomó la palabra para replicar:

—Pero el ascensor todavía no funciona.

—No pasa nada, subiré andando.

—Es que de momento sólo tenemos un juego de llaves.

—Tendré mucho cuidado de no perderlas.

—Tal vez los discos se estropeen si los dejas allí de cualquier manera.

—Pues le pediré una caja a la señora de la droguería.

Después de mucho parlamentar, las dos muy serias, sentadas encima de mi cama, volvíamos a estar como al principio. Mamá cruzó las manos sobre el regazo, puso cara de asunto muy serio, y preguntó:

—Entonces, ¿qué tengo que decirle a tu padre?

Me prestaron las llaves de mala gana. La caja de Lejía Velocirraptor que me había dado el droguero pesaba igual que si estuviera llena de ladrillos. Alcancé la puerta de nuestro nuevo piso resoplando como un caballo de carreras. No había hecho más que meter la llave en la cerradura cuando oí una voz familiar a mi espalda:

—¿Qué llevas ahí?

Me fue fácil identificar aquella voz impertinente y cantarina. Antes de que pudiera hacer nada por impedirlo, y aprovechándose del estado en que me habían dejado los cinco pisos de escaleras y mi odio visceral por el deporte, Ana-Li se coló en mi piso y empezó a curiosear.

Yo actué como si ella no me estorbara. Fui directa a mi cuarto, deposité en el suelo la caja de cartón y me dispuse a verificar que todos los discos hubieran llegado bien (tal vez soy un poco maniática, lo reconozco). En eso estaba cuando apareció mi vecinita, con su habitual y odioso buen humor.

—¿Todos estos discos son tuyos? —preguntó, admirada.

Contesté con un cabeceo. No le dije que aquéllos no eran ni la mitad.

—¿Puedo?

Casi a la vez que formulaba esta pregunta (cuya respuesta conocéis, supongo) metió su zarpa derecha en la caja y sacó un puñado de álbumes de los And One y empezó a mirar sus cubiertas como quien mira cromos viejos.

—No conozco este grupo —dijo (era obvio, Ana-Li tenía aspecto de gustarle Maná)—. ¿Es nuevo?

Empezaba a estar tan rabiosa que preferí contenerme y no decirle nada. Hice ademán de recuperar mis discos. Era evidente que ella no se daba cuenta de que estaba jugando con fuego.

—¿Me dejas éste? —Tenía el *9.9.99.9 uhr* en la mano. Era uno de mis favoritos.

Intenté quitárselo. Ella lo aferró con fuerza. Yo insistí. No sé qué hizo. Lo único que sé es que mi *9.9.99.9 uhr* acabó estrellándose contra el suelo. Traté de evitar la catástrofe, pero no logré impedir que cayera de la peor manera que puede caer un cedé: de canto. La tapa saltó de inmediato, junto con varias astillas. La contratapa rebotó y quedó fracturada en el otro extremo de la habitación y, para colmo, el disco salió rodando, como si quisiera huir de allí, hasta la terraza y aún más allá, porque voló por entre dos barrotes y se perdió en el vacío. El resto no quería imaginarlo: mi disco favorito de los And One haciéndose añicos contra las baldosas de la calle peatonal.

—Ji, ji, qué escándalo —bromeó Ana-Li, mientras empezaba a perseguir los pedazos por el suelo cubierto de polvo. Recuperó la cubierta y un par de trozos de plástico imposibles de identificar y preguntó, en tono bobalicón—: ¿Tienes pegamento?

Aquello fue el colmo. Reconozco que tengo muy mal genio y que igual me pasé un poco. Ana-Li se marchó de allí llorando a moco y baba. Un par de horas más tarde, su padre llamó al mío para explicarle lo sucedido y pedirle que hiciera el favor de domesticar un poco a su hija. Me fui a la cama sin tele y con una ración doble de reprimendas.

Imagino pocas cosas en la vida más divertidas que mudarse. Un buen día te despiertas y en el pasillo hay unos señores esperando para desmontar tu cama y llevársela a otro lugar. Cuando sales de la habitación, tu casa se ha convertido en un laberinto de cajas y paquetes por el que algunos desconocidos deambulan a toda prisa. En las cajas, con grandes trazos de rotulador negro, se desmenuza el contenido. Por ejemplo: «Cuadros pequeños, cucharas cocina, costurero, zapatos papá.» En poco tiempo, tu piso se convierte en una llanura desierta. Tienes que tomar decisiones imposibles. Por ejemplo, si llevarte o no el póster de Kurt Cobain que siempre has odiado pero que te regaló tal compañera de colegio o si vale la pena desclavar de la pared las mil chinchetas que quedan después de arrancar todo lo demás. Te dan tentaciones de tomar prestado el rotulador negro y escribir en la pared algo memorable. Por ejemplo: «En esta habitación durmió Julia durante once años» o *«Julia was here»*, pero al final no lo haces porque surge algo más urgente.

Lo verdaderamente divertido es llegar a la casa nueva. Lo primero, montar las camas, para que el cansancio no nos pille sin un lugar donde echarnos. Si observas a la gente, no hay nadie con las manos vacías: papá lleva destornilladores, clavos, tacos, martillos; mamá, escobas, fregonas y todo un muestrario de productos de limpieza; la abuela pequeñas piezas de porcelana, jarrones, figuritas; los señores en camiseta cargan tablones de todo tamaño. Y tú te conviertes durante un rato en la chica de los recados:

—Julia, cariño, ¿puedes preguntarle a tu madre dónde están los alicates?

—Julia, hija, ¿te importa acercarme el metro, que está en aquel cajón?

—Julia, nena, ve y dile a la abuela que abra la puerta cuando vuelvan los transportistas.

Luego se va acercando la hora trágica de cenar. Entrar en la cocina es toda una aventura, pero mamá es intrépida y lo intenta. No se desanima a la primera de cambio, cuando en lugar de encontrar la caja «Sartenes, patatas, aceite» encuentra la que dice «Macetas, regaderas, jaula canario». Prueba con otra: «Toallas, albornoces, cosas de afeitar y depilar» y con la de más allá: «Ventilador, patines, almohadas.» «¿Alguien sabe dónde está la caja con las cosas de la cena?», pregunta a voz en grito. De inmediato se organiza una brigada familiar dedicada en exclusiva a buscar la caja perdida, que puede estar en cualquier parte. Y aquí viene cuando mamá pronuncia una de sus frases favoritas: «Estar, está, así que hay que seguir buscando.»

Al cabo de una media hora, desfallecidos, hartos de aguantar el pésimo humor que se le pone a papá cuando siente el estómago vacío y los ronquidos de la abuela, que se ha dormido encima de la bolsa de los edredones, mamá propone que pidamos una pizza. Bravo. Yo elijo lo fundamental, porque para algo soy la experta: masa fina, doble de queso, peperoni, jamón, champiñones, dos raciones de alitas de pollo con salsa barbacoa y una de pan de ajo. Luego elijo el regalo especial que entra en la promoción de esta semana: una brújula para exploradores intrépidos. Genial. No sirve para nada, pero siempre prefiero los regalos inútiles a los descuentos.

Mientras esperamos a que llegue el repartidor seguimos buscando la caja que mamá preparó con todo lo necesario para hacer tortillas en un santiamén. Sin ningún éxito, todo hay que decirlo. La abuela queda exenta de esta última búsqueda: la pobre sigue ovillada sobre el paquete con los edredones, con tal sonrisa de felicidad que ninguno de nosotros se atreve a molestarla. Cuando por fin llega (y se va) el chico de anorak rojo y casco, nos decidimos a improvisar un comedor de campaña. Cenamos sobre una de las cajas («Cortinas, velas, lazos»), casi sin ánimo ni para dirigirnos la palabra. La abuela no tiene fuerzas para abrir los ojos y los entreabre mientras deglute una porción de pan de ajo, refunfuñando sin parar porque, según ella, no entiende cómo nos podemos comer algo que parece las sobras de hace tres semanas. Aún queda mucho por hacer, pero la abuela pronuncia a media voz una de esas verdades de toda la vida:

—Mañana será otro día, niños.

Y empieza a repartir besos de buenas noches sin abrir demasiado los ojos.

Dormir en un cuarto destartalado, donde encontrar las zapatillas es un golpe de suerte más grande que acertar la lotería, es el final de esta apasionante aventura, que no ha hecho más que comenzar.

Los días que siguieron fueron horribles. Papá de vacaciones, todo el día con la taladradora en la mano preguntándole a mamá dónde tiene que hacer el siguiente agujero. La abuela encargada de la cocina, hartándonos de colesterol y grasas saturadas. Y mamá lamentándose de todo, arrepintiéndose de tanto lío y haciéndose la víctima para que la consoláramos. Y yo incomprendida y sola. ¿Por qué no me consultarían antes de decidir que no querían tener más hijos?

En uno de esos días tuvo lugar mi tercer encuentro con la vecina oriental. Quiero decir con Ana-Li. De pronto llaman a la puerta, sale mi abuela a abrir y se empiezan a oír voces en el rellano de esas que te ponen en alerta por el inminente peligro de vecinos chismosos. No me equivoqué: era Ana-Li, acompañada por su madre. Venían a meter las narices en nuestros asuntos con la excusa de dar la noticia de que ya estaban aquí. Miré por la ventana: un camión de mudanzas en condiciones tenía la boca abierta frente a la puerta y unos señores fuertes y medio desnudos iban y venían cargando los bultos.

Según oyó la voz de la vecina preguntando por ella, mamá corrió hacia mi cuarto con prisas de emergencia para susurrarme en un tono nada amistoso:

—A ver si hoy no me avergüenzas y te comportas con la vecina como una persona, no como un mal bicho.

Estaba a punto de decirle que alguien que manosea sin ningún cuidado mis discos no se merece que le traten como a una persona, pero me callé.

En efecto, por allí andaba Ana-Li, mirándome por el rabillo del ojo mientras echaba un vistazo a los platos de mi abuela. Se notaba que no tenía ganas de dirigirme la palabra. A mí me sucedía lo mismo. Nuestras madres estaban enfrascadas en un intercambio de frases corteses, risitas y besuqueos que en algunas especies debe poder interpretarse como una especie de ritual de bienvenida. La conversación, en resumen, era de esas un poco estúpidas en las que se habla mucho y no se dice nada nuevo. Algo así como:

—Pues ya estamos aquí.

—Pues qué bien.

—A partir de mañana, a adaptarnos al barrio.

—Y seguimos sin verle el pelo a quien sea que va a vivir en el ático.

—Veréis como aquí se vive muy bien.

—Sí, ya me doy cuenta.

—Y a descubrir tiendas. Si necesitas ayuda, ya me lo dirás.

—Claro, mujer, ni lo dudes.

—Para eso estamos.

—Desde luego que sí, somos vecinas.

—Pues eso.

Y de pronto mi abuela, iluminada por la idea del siglo:

—¿Y por qué no se quedan a comer?

La vecina y mamá se miran, igual de sorprendidas. La vecina se apresura a rechazar la invitación, pero de esa manera cordial en que se deniegan las invitaciones cuando en realidad lo que queremos es aceptarlas:

—No, señora, muchas gracias, pero no podemos causar esa molestia.

—Molestia ninguna —insiste mi abuela—. Les vendrá muy bien comer caliente después de tanto esfuerzo. Estoy haciendo arroz y me da igual echar tres tazas más que tres menos. Y los bichos, nos los repartimos como buenos hermanos. No se hable más.

Cuando la abuela utiliza uno de sus temibles «no se hable más» significa que no va a dejarnos añadir una sola palabra sobre el asunto. Una aclaración para los que no conocéis a mi abuela: cuando se refiere a los «bichos» quiere decir langostinos, gambas, calamares y todo ese surtido de animalitos con o sin patas, blandos o duros, de aspecto inofensivo o terrible, que la gente (ella también) suele echar en el arroz.

Así que aquel día me tocó aguantar a mi vecina favorita durante una comida interminable en la que todo el mundo parecía tener mucho interés por hacerse el simpático. El padre de Ana-Li hablaba por los codos, al mío todo le hacía mucha gracia, la abuela le explicaba a la vecina sus secretos para que no se le pegue el arroz y Ana-Li comía sin parar y sólo se interrumpía para decirle a mi abuela que todo estaba riquísimo o que quería más. A mi abuela le cae muy bien la gente que se lo come todo sin hacerle ascos a nada ni «escarbar en el plato», como ella dice que hago yo (sólo porque no quiero comer costilla, me da asco), así que por un momento pensé que Ana-Li le estaba cayendo mejor de lo que le caigo yo misma. En fin.

Fui la que menos habló durante aquella encantadora velada. A Ana-Li sólo le dirigí la palabra dos veces: una para preguntarle si quería pan y otra para saber si había terminado, y las dos fue por imposición materna y después de una patada por debajo de la mesa. Ella apenas me contestó, se notaba que tampoco tenía ningunas ganas de hablar conmigo. La tirantez entre nosotras era tan evidente que hasta los mayores bromeaban:

—Es una pena que nos hayamos caído tan bien, con lo esquinadas que están nuestras niñas —dijo alguien.

Mamá tuvo que dejarme en ridículo:

—Yo creo que Julia es muy mayor para ser tan poco razonable, pero las madres no elegimos el carácter de nuestras hijas.

Y tampoco faltó quien intentó reconciliarnos (que fue la abuela, claro, tenía que ser ella):

—Vamos, niñas, no nos tengáis a todos viendo vuestras caras de asco. Daros un besito y olvidad las cosas.

Entonces Ana-Li, muy digna, soltó la frase del día:

—Yo no le doy un beso si ella no me pide perdón.

Se volvieron todos a mirarme. Yo sólo sentí ganas de correr a encerrarme en mi cuarto. Y exactamente eso fue lo que hice. Me valió una buena bulla de papá y una semana de malas caras de mamá, pero de alguna forma todo eso ya estaba previsto. A veces los mayores olvidan que cuando hacemos algo, tal vez a nosotros tampoco nos agrade demasiado. Es sólo que no nos queda otra salida. O que no se nos ocurre otra cosa.

un guapo en el ático

A veces pasa. Sales a la calle y cuando estás pensando en cualquier cosa, ¡zas!, aparece un guapo. Suelen presentarse de improviso, sin nada que les anuncie, ni siquiera una de esas músicas que en las películas sirven para saber que va a pasar algo interesante. No sé, sucede porque sí, como suceden las cosas buenas en la vida: doblas una esquina y ahí está, el chico más deslumbrante que hayas visto jamás. Y no exagero ni un poco al referirme en estos términos al rubio del ático.

Quede claro que no estoy hablando de uno de esos enclenques que van a mi clase, enseñando la marca de los calzoncillos a fuerza de dejarse caer el pantalón, intentando marcar una musculatura que no existe (ni probablemente existirá jamás) y presumiendo de deportivas... Yo me estoy refiriendo a uno de esos productos de gimnasio y playa, casi universitario, con abdominales perfectos, un moreno doradito, el pelo largo echado hacia atrás y dos ojazos de un verde increíble.

Apareció en mi vida un domingo por la mañana en que yo me dirigía (por orden de mi madre) a la churrería de la esquina a comprar unas ocho mil calorías grasientas de esas que dejan la leche llena de lunas de grasa flotante (qué asco). Es algo que nadie en mi familia logra entender, por mucho que se lo explico: cómo a alguien de mi edad no le gustan los churros. Nadie es perfecto.

Tropecé con el rubio, en el sentido figurado, al abrir el portal: ahí estaba, con unos vaqueros negros y una camisa entallada, buscando algo en su mochila. Nuestra primera conversación fue algo insípida. Él dijo:

—Hola.

Yo le contesté:

—Hola.

Luego él entró y yo salí. Antes de doblar la esquina algo me hizo volverme a mirar. No sé, fue como si una voz me advirtiera de que me estaban espiando. Y no me equivocaba. Claro, no podía ser otra que mi encantadora vecinita, dándome un motivo más para odiarla. Se escondió para que no la viera, pero la vi. Tengo buenos reflejos, como los pistoleros de las películas.

Julia, la más rápida del Oeste, en la misión de comprar churros y porras. Qué desperdicio.

Decidí abrir una investigación con el fin de averiguar todo lo que pudiera sobre el guapo del ático. La primera fase consistió en preguntarles a mis padres, pero fue del todo improductiva: allí nadie sabía nada. Les pedí que le preguntaran a la gente de la inmobiliaria, pero mi padre zanjó la cuestión con un cortante:

—¿Y a nosotros qué más nos da quién viva en el ático?

Por un momento barajé la posibilidad de hacerle la misma pregunta a la madre de Ana-Li, pero enseguida la descarté: al enemigo no hay que pedirle ni agua. Y a la madre del enemigo tampoco. Lo que fuera, tenía que averiguarlo por mis propios medios.

Inicié la segunda fase, también denominada de observación. En el buzón del ático nadie había colocado ninguna plaquita con ningún nombre. Eso complicaba las cosas. Tampoco la había en la puerta del piso, adonde subí dos o tres veces, siempre con mucho cuidado y con mucho miedo a ser sorprendida. Aproveché para pegar la oreja a la puerta y escuchar la actividad que pudiera haber al otro lado: silencio las dos primeras veces. La tercera sonaba un disco de Britney Spears y traté de hacer oídos sordos, pensando que algo así era impropio de alguien como él. En pocas palabras: no estaba dispuesta a que mi vecino me decepcionara tan pronto. Por último, me pasé más de una tarde (y más de dos, y de tres, y de cuatro) sentada en la terraza del bar de enfrente, muy interesada en la lectura de una revista (siempre la misma, mi presupuesto no daba para más) por si se le ocurría venir, pero ningún día pasó nada. Bueno, en realidad, me encontré varias veces con Ana-Li, que siempre me preguntó qué hacía allí y si esperaba a alguien con un tono de burla que me sacó de quicio. Una de las veces estuve a punto de arrojarle la revista a la cabeza pero me comedí a tiempo, pensando que lo mejor era decidir algo más práctico, que en realidad debería haber resuelto el día del incidente con mis discos: que Ana-Li no existía. Simplemente.

La tercera fase de la investigación fue la más peligrosa. Empecé por estar atenta a la correspondencia.

En cuanto venía el cartero, yo bajaba al portal y metía la mano por la rendija del buzón del ático. Me arriesgaba a que alguien me encontrara hurgando en el correo ajeno (y eso es un delito, por si no lo sabéis). No sé si llegaban muchas cartas a aquel buzón, pero yo nunca conseguí alcanzar ninguna. Si las había, eran bien escurridizas.

De pronto se me ocurrió que podía interrogar al cartero. Para que os hagáis una idea, el cartero de mi zona (al cual yo conocía desde que nací) era un señor de pelo blanco, delgaducho, un poco encorvado y de piel apergaminaba que siempre estaba riñendo a sus clientes por hacerle trabajar de más:

—Dígale a esta gente que le manden los libros de uno en uno y no todos a la vez, que yo ya estoy para jubilarme —le decía a una vecina que solía recibir grandes paquetones.

O:

—Hala, señora, otro certificado de Albacete. Pero, ¿su familia no sabe que las cartas por correo ordinario también llegan a su destino?

De pequeña yo le veía como una especie de ogro de cuento infantil, siempre de mal humor, con un vozarrón tan grave que podría haberlo dedicado a hacer radio o a cantar ópera. Ahora que era más mayor, el cartero seguía imponiéndome un respeto, pero por lo menos ya me atrevía a dirigirle la palabra sin miedo a que me comiera. Tuve que armarme de mucho valor para sorprenderle cuando estaba repartiendo las cartas entre los buzones y preguntarle, con cara de niña buena:

—Oiga, ¿usted sabe cómo se llama el chico que vive en el ático?

Me miró durante unos instantes de silencio, como si calibrara la molestia que mi pregunta podría ocasionarle, o el alcance de mis intenciones. Cuando terminó de repartir sobres, sobrotes y sobrecitos se volvió hacia mí enjugándose el sudor de la frente y contestó:

—No tengo ni idea, ya se lo dije ayer a tu amiga la chinita.

Tardé un poco en reaccionar. Y eso que era sencillo.

Ajá. Así que Ana-Li también estaba detrás de la pista del guapo del ático.

—No es mi amiga —respondí.

—Bueno, lo que sea. Yo no sé nada.

Todo un éxito. Tres días de investigaciones y seguía igual que al principio.

La guinda del pastel la puso un encontronazo que tuve aquella semana. Estaba en mi puesto habitual de vigilancia frente a la puerta del ático (dentro volvía a sonar Britney Spears, pero yo no hacía ni caso) cuando de pronto se oye un pequeño chasquido y la puerta se abre. Casi no tuve tiempo ni de levantarme. Me encontré frente a frente con una chica rubia, casi un palmo más alta que yo, de formas perfectas que, a la vez que agitaba su larga melena lacia y hacía centellear de rabia sus ojazos azules me preguntó:

—¿Se puede saber qué haces aquí?

Podéis imaginar qué tipo de respuesta le di. Lo que se me ocurrió a bote pronto, que no fue gran cosa: que estaba de camino a la azotea, que en verano me gustaba sentarme en el suelo fresquito de los rellanos, que estaba allí pensando en mis cosas...

—Pues yo tengo la impresión de que me estabas espiando —dijo ella, con tono de marisabidilla.

«A ti no, bonita», me entraron ganas de decirle. Pero pensé que lo mejor sería buscar una solución más diplomática.

—Ya me iba —y empecé a bajar la escalera.

El caso es que aquella chica me resultaba familiar. La había visto en alguna parte. En el instituto no. Tampoco iba a mi academia de idiomas. Ni al gimnasio. Y de mis sesiones de cine seguro que no la conocía, porque no tenía aspecto de gustarle el tipo de películas que me va a mí. No conseguía ubicarla y, sin embargo, sus rasgos de chica diez seguían pareciéndome familiares. O tal vez fuera que todas las chicas guapas se parecen entre sí, no sé. Me marché de allí entre digna y avergonzada, preguntándome qué podía haber fallado para encontrarme en una situación así. Yo misma conocía la respuesta: otros días en que sonaba música dentro del ático, alguien se encargaba de apagarla antes de salir. Esa era la señal para abandonar mi puesto de vigilancia y bajar la escalera a una velocidad normal y sin arriesgarme a ser descubierta. Pero aquella tarde el orden cambió. Por el motivo que fuera, la chica diez no paró la música antes de abrir la puerta. Y me encontró allí, agazapada, como una idiota jugando a los detectives.

Sin embargo, lo que más rabia me daba era otra cosa, mucho más inevitable que todo lo anterior: si aquella escultura rubia era la novia del guapo del ático, una piltrafilla como yo no tenía nada que hacer con él. Para colmo, tenía que reconocer que ambos debían de formar una pareja perfecta.

Claro que hasta las peores desgracias tienen sus lados buenos. Y ésta tenía dos:

Primero: si yo no tenía posibilidades con el guapo, menos podría hacer Ana-Li, que era aún más pequeñita que yo.

Segundo: por fin había aclarado el asunto de Britney Spears, y me tranquilizaba mucho saber que mi intuición no se equivocaba respecto al buen gusto musical de mi chico ideal.

las fiestas del barrio
no deberían existir

Cada año la misma monserga: se presenta un día en casa el señor Mollerusa (pero, ¿a quién se le ocurre darle nuestra nueva dirección?) con una carpeta bajo el brazo y mucho interés por hablar con mi padre. Mamá hace café, saca galletas y un par de tazas en una bandeja y les deja que hablen durante horas en la mesa del salón. La conversación no tiene desperdicio, a juzgar por las frases sueltas que llegan hasta mis oídos de persona que no fisga pero se entera:

—Y yo le añadiría un puré de manzana gratinadito.

—Ten en cuenta que este año lo agridulce se lleva mucho.

—¿Y si flambeáramos en lugar de hornear?

—Más que pochado, marinado, diría yo.

—El brut siempre resulta más festivo.

¿Aún no sabéis de qué hablan papá y el señor Mollerusa? Os daré una pista: el señor Mollerusa forma parte de la comisión organizadora de la fiesta mayor del barrio, que es en septiembre, y mi padre es uno de los mejores cocineros en varios kilómetros a la redonda. Segunda pista: desde que tengo uso de razón, papá se encarga de elaborar una cena monumental que todos los vecinos (y los banqueros que trabajan en la zona) degustan al aire libre. Más de cuatrocientos comensales. Sólo para el postre el año pasado compramos sesenta kilos de fresitas. Después hay baile hasta que el cuerpo aguante con una orquesta que parece recién salida de la mesa de un taxidermista. Es un lío impresionante.

Además de la cena que hace papá (algún día la haré yo, pero por ahora sólo le ayudo) las fiestas del barrio son un rollo. Tablaos flamencos, cuadros folclóricos, carreras de sacos, gincanas absurdas en las que el premio es una cena en el restaurante de papá y un pregón insípido que nunca pronuncia nadie famoso. Los de la comisión nunca se acuerdan de que en este barrio, además de los ciudadanos que no han llegado a los ocho años y de los que han superado los setenta, existe otro tipo de población a la que los tablaos flamencos, los cuadros folclóricos y las carreras de sacos no interesan lo más mínimo. Yo soy una digna representante de ese amplio sector. Sólo que también pertenezco a esa gran parte de la gente que prefiere quejarse de lo mal que lo hacen otros antes que tomarse la molestia de organizar algo. Por lo menos, así era hasta el verano pasado.

Cuando se acerca la macrocena de cada año papá se pone insoportable. No hay forma de que decida el menú con calma y durante los días que pasan entre la visita del señor Mollerusa y el anuncio más o menos oficial de las exquisiteces que va a preparar, lo mejor es no dirigirle la palabra. De pronto se queda con los ojos perdidos en un punto lejano de la pared y susurra:

—Claro que si en lugar de salsa de frambuesa lo hiciera con una de arándanos...

O de pronto, mientras parece que mira una película, pero a saber dónde tiene la cabeza, exclama, como si alguien acabara de meter un gol:

—Claaaaaaaro, ¡patatas panadera!

Papá, como podréis deducir, se toma muy en serio su trabajo, hasta tal punto que a veces parece como si, al elegir el menú del día de la fiesta, estuviera también eligiendo el destino de la humanidad.

En todo esto, mamá y yo no pintamos absolutamente nada, pero por motivos diferentes. Mamá, porque ella de cocina entiende tan poco que ni siquiera distingue un pepino de un calabacín. Yo, porque cargo con ese sino tan inevitable que consiste en que a los hijos nunca jamás se los tiene en consideración, aunque digan verdades como puños y no sean tontos del todo (como es el caso). A mí, he de confesarlo, me gustaría que papá me consultara sus dudas acerca de los menús. Ya os he dicho que la cocina me gusta mucho y todas mis amigas suelen aplaudir de alegría cuando digo que seré cocinera cuando se me termine esta buena vida, pero cocinera de las que salen en la tele y en las revistas, no cualquier mediocridad. Aunque, sinceramente, creo que si un día soy una chef famosísima, papá seguirá tomando las decisiones él solito.

El año pasado no fue una excepción. Papá también tardó varios días en decidir qué platos íbamos a preparar en grandes cantidades, y durante ese tiempo también estuvo del todo intratable. Fue precisamente entonces cuando protagonizamos uno de los episodios más penosos de toda nuestra vida, y tuvo que tener alguna relación, cómo no, con mi adorada vecinita Ana-Li.

Durante la cena, papá y mamá comentaban la jugada del día. Yo comía mis macarrones con tomate en paz y con la fruición acostumbrada (no tengo adjetivos para deciros cómo están de ricos). La abuela se había acostado temprano después de comerse su consomé con huevo y jamón de york.

—Parece que los nuevos vecinos quieren ayudar en la comisión de la fiesta mayor —dijo papá.

—Qué simpáticos, acaban de llegar y ya se involucran a fondo en el barrio —contestó mamá.

«Qué simpáticos —pensaba yo—, acaban de llegar y ya meten sus narices en todas partes.» No dije nada. Los macarrones merecían mi más respetuoso silencio.

—Hasta la chiquita quiere participar. Opina que el programa de la fiesta es muy aburrido, que faltan actividades para gente joven.

Creo que dejé de comer. Fue algo instintivo. Aquello era el colmo. Hablaban como si yo no existiera o me hubiera vuelto invisible.

—Tal vez tenga razón —dijo mamá—, habría que preguntarle si tiene alguna idea. Tal vez les venga bien a esa pandilla de vejestorios.

—Su madre dice que ideas tiene muchas, que si queremos se las explica a los de la comisión.

No daba crédito. ¿Aquello estaba pasando? La metomentodo de mi vecina acababa de llegar y ya era tomada por una autoridad en la materia. Qué falta de respeto hacia las que llevábamos años pensando lo mismo.

Se hizo un silencio que ellos dedicaron por entero a rebañar sus platos y, aprovechando que mamá se levantaba y se iba camino a la cocina, papá me preguntó, como para darme conversación:

—¿Qué opinas?

—¿De qué? —pregunté, creo que con un poco de retintín.

—De lo que estamos hablando. ¿Crees que faltan actividades para gente de vuestra edad?

—Pregúntale a la china más lista del barrio. Se ve que mis opiniones no valen tanto como las suyas.

Me levanté sin mucha educación (lo reconozco) y me fui a mi cuarto. Lo peor fue tener que abandonar un buen puñado de macarrones, con su queso crujiente incluido. Papá odia estos prontos, lo sé. Por eso me esforcé en que fuera especialmente sonado. Su reacción no se hizo esperar. Treinta segundos después estaba frente a la puerta de mi cuarto preguntando, en un tono no muy diplomático:

—¿Se puede saber qué te pasa?

Mamá acudió, como siempre, con la misma velocidad y la misma disposición que las dotaciones de bomberos acuden a apagar un incendio.

—Juan, por favor, no te enfades. Todos estamos nerviosos —terció.

—Parece que la más nerviosa es tu hija —dijo él—, que desde que vivimos aquí se está convirtiendo en una histérica bajita.

Ay, los padres, ¿dónde habrán aprendido a ser políticamente incorrectos? Mamá entró en mi habitación simulando una calma que allí no tenía nadie. Su actitud me recordó a la que adoptan esos valientes que se atreven a entrar en una habitación para hablar con un psicópata que hasta tres minutos antes ha estado rebanándole el cuello a todo el que se le ponía por delante.

—Hija, tu padre está nervioso, ya lo sabes...

—¡Yo no estoy nervioso! —replicó papá.

—... y tú, con tus ataques, no le ayudas a calmarse.

—¡Yo no tengo ataques! —protesté yo, y de inmediato pensé: «¡Pobre mamá, qué paciencia ha de tener con nosotros!»

—Y además, últimamente estás un poco alelada y un poco imposible —siguió ella.

¿Alelada e imposible? Vaya, qué novedad. Creo que hasta ese día no me habían llamado nada tan despectivo. «Vamos mejorando», pensé.

Mamá es una verdadera maestra en arreglar situaciones difíciles. Si fuera mediadora de las Naciones Unidas el mundo funcionaría mejor, seguro. Lo primero que hizo fue pedirle a papá que se fuera a hacer café. Luego fue por mi abandonado plato de macarrones, lo calentó treinta segundos en el microondas y me lo trajo a la habitación. Realmente, me adivinó el pensamiento, como de costumbre.

—Termina de comer o tu padre se pondrá todavía más furioso —dijo.

Se sentó en el borde de mi cama, apartó un mechón de pelo que siempre se me mete en el ojo y mientras yo deglutía utilizó su tono más maternal, cariñoso, dulce y comprensivo para decir:

—A ver si me explicas esto de manera que yo lo entienda, Julia.

A trompicones le conté más o menos todo. Hablar con mamá no resulta nada difícil, y menos cuando ella tiene tantas ganas de que las cosas se arreglen. Le hablé de Ana-Li, de mis discos, del vecino, del cartero, de la rubia, de las fiestas, de papá... le conté mi vida como si no fuera mi madre la que estuviera escuchando, sino una amiga (ya sé que es lo que se dice siempre, pero qué le voy a hacer si en este caso es verdad). Cuando ni los macarrones ni mi perorata podían dar más de sí, mamá tomó la palabra para hacer un resumen aproximado:

—Puede que lleves años pensando que las fiestas son un rollo, pero yo no recuerdo que lo hayas dicho nunca. ¿Verdad?

Verdad. Lo reconocí.

—Entonces, ¿debíamos adivinarlo? No nos pidas tanto, que somos seres humanos.

Es duro reconocer que los adultos a veces tienen razón.

—Respecto a la vecina... Yo no te voy a ordenar que te lleves bien con alguien que no te resulta simpática, pero sí me gustaría que no te comportases como una niña tonta cada vez que alguien no reaccione como tú quieres. Ni eres tonta ni eres ya tan niña.

Hay que reconocer que dice las cosas con gracia.

—En fin, Julia, lo único que veo claro de todo este embrollo es que te estás enamorando. Enhorabuena. Eso es toda una evidencia de que empiezas a hacerte mayor.

Enamorarme. Glups. Eso no se me había ocurrido. Y creo que no me hizo ninguna gracia.

Los días que siguieron a aquella conversación los dediqué a poner un poco de orden en mis pensamientos. Salí poco, miré mucho por la ventana, anoté todos los movimientos del guapo del ático, de la rubia y de Ana-Li en un cuaderno, y pensé mucho en lo que me había dicho mamá. Respecto al enamoramiento, llegué a la conclusión de que mamá no tenía razón (por una vez). Yo no podía estar enamorada. Aquella era una palabra demasiado seria, de las que siempre se utilizan en las películas y que implicaba muchas cosas. Podía ser que el vecino me gustara muchísimo, pero estar enamorada de él era algo que no entraba todavía en mis planes.

Como tampoco me apetecía hacerme amiga de mi vecina. Lo estuve pensando muy en serio. Intenté hacer una lista de sus cosas buenas (la verdad es que sólo me salieron dos, pero eran dos realmente buenas, de las que yo además carezco casi completamente: simpatía y empuje), pero ni así logré convencerme a mí misma. No sé qué tipo de glándulas gobiernan en la vida este tipo de cosas: qué gente nos cae muy bien y a quién no tragamos, por qué de pronto nos apetece comernos un bollo o un plato de espagueti. O por qué las lentejas nos dan asco, y probablemente así será hasta que nos muramos de viejos. En esa época, yo pensaba que con Ana-Li me iba a pasar lo mismo que con las lentejas: que por mucho que mamá se empeñara en hacerme ver sus muchas cosas buenas y por mucho que yo intentara verlas de mil maneras diferentes, ni me gustaban ni me iban a gustar jamás, y eso era una verdad irrefutable. Por suerte, con el tiempo no todas las opiniones se mantienen.

De mi observación por la ventana no pude sacar en claro más que unos pocos datos. La rubia venía a visitar al vecino un par de veces a la semana. Solía llegar por las mañanas y marcharse por las noches. Me di cuenta de que tenía las llaves del piso porque a veces no llamaba al telefonillo ni esperaba a que él llegara. Incluso pasaba horas sola, escuchando a la abominable de Britney Spears a todo volumen. Todo aquello seguía dándome muy mala espina. También me di cuenta de que Ana-Li no estaba quieta en el mismo sitio ni diez minutos. Subía, bajaba, iba de compras, salía en bicicleta, se iba a la piscina (o a la playa, no sé), paseaba de vez en cuando a un niño pequeño en un carrito... tanta actividad me sacaba de quicio. Será porque mamá siempre me dice que soy igual de aventurera que una ameba (tardé años en entender esta frase) o porque a mí lo que más feliz me hace es tumbarme en la cama y escuchar música mirando por la ventana. Así de sencillo.

Aquella semana infernal, que fue también una de las más calurosas del verano, tuvo un final a la altura de todo lo demás. De pronto, durante una comida que transcurría pacífica (papá en silencio pensando en el menú y mamá atenta a las noticias), la abuela anunció que se marchaba a su casa.

—Ya estáis instalados del todo y yo echo de menos mis cosas y a mis amigos. Me iré la semana que viene.

Las reacciones fueron tibias. Casi se diría que la única que se apenaba de que la abuela se marchara era yo.

—Lo comprendo, mamá, ya bastante has hecho —le dijo mi madre, apartando durante veinte segundos la mirada del televisor.

—¿Tienes amigos? —se interesó mi padre, como si fuera imposible tenerlos a según qué edades.

—Pues claro, y cualquier día os doy un susto y me echo novio.

Novio la abuela. Qué risa.

En ese momento escuché el chasquido de la puerta de la calle. Una sabuesa bien entrenada tiene que percibir este tipo de cosas, y yo ya era una especialista en cualquier ruidito, crujido o chasquido de la nueva casa. Me asomé a la ventana del salón, justo a tiempo de que mis ojos atónitos observaran cómo la rubia perfecta y mi querida Ana-Li se marchaban juntas, al parecer muy contentas, en dirección al paseo.

«Perfecto —pensé—. Lo que faltaba.»

y las chicas guapas tampoco

Ensalada tibia de escarola, nueces y queso de cabra; solomillo de buey con fua, patatas panadera y una reducción de caldo de carne y pastel de queso con salsa de arándanos y una compota caliente de manzana reineta. Así decidió mi padre el destino de la humanidad el verano pasado. O, por lo menos, de la parte de la humanidad que el día principal de las fiestas del barrio bajaría a cenar a la plaza, engalanada para la ocasión con banderolas y bombillas de colorines.

El anuncio coincidió con el día de la marcha de la abuela. La dejamos a la entrada de la estación con su maleta. Ella nunca nos deja acompañarla al andén. Suele decir que despedirse frente a un tren en marcha es demasiado cursi para nosotros. La abuela vive a treinta quilómetros y se va en tren porque tanto ella como mis padres pertenecen a ese pequeño tanto por ciento de la población que no tiene ni coche ni carné de conducir y ni siquiera los echan de menos. Su última frase antes de irse fue:

—Amigas y fatigas van unidas, pero tú procura hacer las paces con tu vecina, hija. Tengo la corazonada de que os llevaréis la mar de bien.

—Y tú —dije yo—, preséntanos a tu novio.

Algo cambió en su cara. La pillé fuera de juego, pero no fue eso. Más bien me pareció enfadada por mi comentario. Traté de disculparme, pero ya era tarde: se había ido con la maleta, moviendo la cabeza de un lado para otro muy despacio.

Por supuesto, no le hice caso en lo de hacer amigas. La abuela tiene una idea extraña acerca de las relaciones humanas: su método para resolver cualquier problema, por intrincado que sea, consiste en darse un beso y olvidar el resto, como si fuera tan fácil. Ya la imagino mediando entre estadounidenses e iraquíes:

—Anda, daros un besito, preciosos, veréis como todo se arregla.

Los días que siguieron a su marcha fueron iguales a otros muchos. Papá elaborando listas de la compra al por mayor para la cena de las fiestas y consultando precios por Internet todo el día. Mamá quejándose de todo, como en ella es costumbre, sólo que al faltar la abuela teníamos que soportar más ración de lamentos por persona (la abuela es el único ser vivo del universo capaz de tener a mamá controlada) y yo que ya me empezaba a aburrir un poco de tanto espionaje y tanta soledad estival.

De pronto un día me levanto y tomo una de mis decisiones estupendas:

—Hoy iré a la playa —le digo a mamá.

—Ya era hora —contesta ella—, porque pareces enferma de puro pálida.

Me armo de valor y de todo lo necesario: una crema protectora factor mil, toalla, gorra, *walkman*, libro (por si falla el *walkman*), revista (por si falla el libro) y tebeo (por si falla todo). Con los cachivaches en una bolsa salgo de casa dispuesta a pasar un día diferente.

Tomo el bus en la plaza. Va atestado de gente que ha tenido mi misma ocurrencia. Algunos llevan sombrilla y pamela, otros al abuelete en silla de ruedas o al bebé en un carrito. Cuando llegamos al final del recorrido, todos bajamos a un tiempo y nos desperdigamos por la arena, como si nos hubieran dado la orden de invadir la playa. A mí no me gusta ponerme muy cerca del agua. Odio que todo el que pasa llene de arena mi toalla, o que lluevan pelotas sobre mi cabeza, o los gritos del típico grupo de chulos de quince que se tiran haciendo la plancha o un triple mortal o tal vez todo a la vez. Yo busco tranquilidad. Por eso siempre me sitúo lejos del bullicio, en un lugar donde no me pise todo el que decide darse un baño.

Aquel día no fue una excepción. Desplegué mi arsenal de cosas, me embadurné con varios litros de crema protectora y decidí tender mi escuchimizada anatomía bajo el sol abrasador. Me sentía como uno de esos pollos que compra la gente los fines de semana. Al cabo de pocos minutos incluso parecía que mi piel olía a churruscadito. Siguiendo los manuales de buena cocina, que dicen que las piezas grandes de carne han de asarse por los dos lados, decidí darme la vuelta sobre la toalla. Lo que más me gusta de esa posición es que te permite observar a la gente. Te apoyas sobre los codos, te pones las gafas de sol y subes un poquito el volumen del *walkman*. Es muy divertido: la mayoría de los mortales no se da cuenta de que va a la playa a hacer el ridículo y ofrece un espectáculo digno de ser observado. Estuve mucho rato mirando los guapos que jugaban a balonvolea —los músculos, los dientes blancos, algún que otro tatuaje al final de la espalda...—, el muestrario de michelines de una chica con un biquini fucsia, o los arrumacos de un par de novios que se utilizaban el uno al otro de toalla.

De pronto, en mitad del gentío, reconocí dos figuras familiares. Un rubio de pelo largo y lacio y una chica muy alta y de formas perfectas. La verdad era que él estaba impresionante en bañador. Ella, en cambio, me pareció demasiado delgada. Se le marcaban mucho los huesos de las caderas y apenas tenía culo. Daban ganas de darle un par de euros para que se comprara un bocadillo. Él estaba tumbado boca arriba, con los ojos cerrados. Su piel brillaba como la de un pez. Ella ofrecía la espalda al sol y jugaba a hacerle cosquillas. Llevaba un tanga de color verde fluorescente que resaltaba todavía más sobre su piel bronceada.

¿Habéis adivinado de quiénes hablo? Tenéis diez segundos.

Hundí la cabeza entre los brazos, deseando que no me vieran. Aunque mis temores no tenían mucho fundamento: estaban demasiado enfrascados en sus cosas para ver a nadie.

Eran, naturalmente, mi vecino del ático y la adicta a Britney Spears. Enhorabuena a los acertantes.

No me vieron. Yo les observé durante horas. Él sólo interrumpió su sesión intensiva de rayos solares dándose dos chapuzones, uno más largo que otro. Me hubiera gustado verle nadar, pero la densidad de población me lo impedía. Cuando ni el sol ni yo aguantábamos mucho más decidí regresar a casa. Mi piel había adoptado una ligera tonalidad entre roja y muy roja, así que pensé que lo más prudente era ponerme a la sombra y bañarme en aftersún. Odio volver de la playa. Pegajosa, llena de arena, cansada, acalorada, harta de no encontrar ninguna postura cómoda en la pequeña isla rectangular que es la toalla y en un bus donde no cabe ni un alfiler. A la parejita la dejé allí, bronceados e indiferentes, como si no llevaran todo el día en el mismo sitio. Con sesiones maratonianas como aquella, no me extrañó que lucieran aquellos bronceados.

—Se te nota un poquito —anunció mamá, al verme—, vuelve mañana y habrá alguien que se dé cuenta.

«Ni hablar —pensé—. Yo no vuelvo hasta el año que viene.»

—He comentado en la comisión que tú también tienes ideas que aportar a las fiestas del barrio —dijo papá a la hora del café—. La reunión es mañana. Les he dicho que irías.

Es horrible que te digan lo que tienes que hacer. Papá es especialista en eso (y lo peor es que no se da cuenta). No le contesté porque mamá me estaba lanzando una de esas miradas capaces de atravesar los cuerpos sólidos.

—¿No le preguntas dónde es y a qué hora? —terció ella.

—¿Dónde es y a qué hora? —Me encanta formular preguntas espontáneas.

—En el local de la comisión, a las siete y media —dijo él. Y tuvo que añadir—: Ana-Li, la vecina, también estará.

La mirada penetrante fue esta vez para papá, que se quedó un poco fuera de juego, sin saber qué hacer.

—Al fin y al cabo, de ella fue la idea —añadió, no muy oportuno.

¿Nunca habéis hecho algo que abomináis sólo para ahorraros problemas, para que no os lluevan más regañinas, para que vuestros padres os dejen en paz? Si la respuesta es «sí» podréis comprender mucho mejor qué tipo de motivaciones me llevaron al local social de la comisión de las fiestas del barrio al día siguiente a la siete y media.

Allí estaba el señor Mollerusa, parapetado tras una mesa frente a la cual se habían dispuesto tres sillas vacías. De las paredes colgaban fotos de las ediciones anteriores de las fiestas. Es decir: una amplia variedad de lastimosas imágenes de conjuntos flamencos, agrupaciones folclóricas y pregoneros anónimos en plena demostración de sus habilidades.

—Ah, hola, Julia. Eres la primera. Pasa, pasa. Siéntate.

Me senté. Ana-Li llegó enseguida, como si hubiera venido pisándome los talones.

—Hola, bonita, mira qué bien. Pasa, pasa, siéntate con tu amiga.

Mi vecina y yo intercambiamos una mirada a la que sólo le faltaron sapos y culebras.

—Todavía falta Mariluz, la presidenta de la comisión —explicó Mollerusa—, ¿os apetece tomar algo mientras la esperamos?

Las dos pedimos agua sin gas. El señor Mollerusa desapareció detrás de una mampara y nos dejó solas. ¿Habéis estado alguna vez a solas con alguien a quien no le dirigís la palabra? Es una experiencia inolvidable. En ese momento entró Mariluz. La hubiera reconocido en cualquier parte gracias a la carpeta con el logotipo de la fiesta mayor que llevaba en la mano. Era una señora de entre treinta y cincuenta —soy malísima para calcular la edad de los viejos—, rubia de bote, con los labios de color morado y los párpados azules. «Si ésta es la presidenta —pensé—, vamos apañados.» Nos saludó con mucha afectación y se sentó tras la mesa, que estaba inundada de papeles. Apartó unos cuantos, de cualquier manera, para poder abrir su carpeta en una pequeña zona despejada. Luego preguntó, como la maestra que pasa lista:

—¿Y Mollerusa?

—Ha detrás ido de a la buscar mampara agua —contestamos Ana-Li y yo a un tiempo.

—Ajá —dijo Mariluz, que no había entendido nada pero que se resistía a borrar de su cara aquella sonrisa bobalicona. Para disimular utilizó la vieja técnica del cambio de tema—: ¿Y se os han ocurrido muchas cosas?

Llegado este punto, Ana-Li sacó de su bolsillo un papel cuidadosamente doblado en cuatro. Cuando lo desplegó vimos que su lista de propuestas era bastante larga.

—¿Y tú, maja?

Odio que la gente me llame cosas como maja, guapa, chata, nena... Aquel día no pude evitar decírselo.

—Si no le importa, no me llame maja.

—Claro, maj... Quiero decir... Claro. ¿Cómo te llamas?

—Julia.

—¿Y tú?

—Analí.

—¿Mariví?

— 53 —

Se me escapó una risita. No lo pude evitar. Aquello me hizo gracia. Menos mal que en aquel momento apareció Mollerusa con los dos botellines de agua.

—Perdonad el retraso, me han llamado al móvil. Veo que ya estamos todos. Podemos empezar.

Uf. Aquella reunión prometía ser larga y pesada como pocas y no defraudó las expectativas. Como no quiero que me odiéis, me esforzaré por resumir con la mayor brevedad y precisión lo que pasó allí durante casi una hora y media. Pero será más adelante, porque me estoy desviando mucho del tema que debía centrar este capítulo. Es decir: la rubia del ático.

Cuando aquella noche regresé a casa, después de dar un rodeo por la tienda de comestibles para evitar a Ana-Li, me tropecé cara a cara con la enclenque novia de mi guapo vecino. Otra conversación idiota:

—Hola.

—Hola.

—¿Tienes hora? —pregunta ella.

—No —informo yo.

Se queda mirándome como si yo quisiera hacerme la antipática. (Información no solicitada pero necesaria: yo nunca llevo reloj. No creo en el tiempo.) Tal vez la reunión me había dejado más cara de asco que de costumbre.

—¿Y no tienes teléfono móvil? —pregunta entonces ella.

—Pues no —respondo yo—, ¿qué tiene que ver el móvil con la hora? —Os prometo que me descolocó.

—Pues que los móviles tienen un reloj en la pantalla, idiota.

¿Verdad que estáis de acuerdo conmigo en que no

había ninguna necesidad de insultarme? Eso mismo pensé en aquel momento. No sé qué me pasó, de verdad. Sólo sé que mi mano derecha salió disparada, como si tuviera vida propia, y no paró hasta que se hubo estrellado contra la mejilla derecha de la rubia escultural. Se llevó la mano a la zona enrojecida y puso una cara muy extraña de: «Quéhashechomelasvasapagar.» Yo también me asombré un poco de lo que había pasado. Ella se fue escaleras arriba, muy ofendida (tal vez con razón) y yo me dirigí hasta casa, un poco asustada de las consecuencias que podía tener todo aquello.

Las consecuencias no tardaron en llegar y no pudieron ser peores. El guapo en persona se presentó en mi casa, veinte minutos después, gritando como si estuviera poseído. Por suerte, le abrí la puerta yo, pero los gritos alertaron a medio vecindario, mamá incluida.

—¿Tú eres la histérica que le ha pegado a Lisa? —fue su manera de saludar.

—He perdido los nervios, lo siento —intenté disculparme.

—Ya lo creo que sí —dijo él—. La próxima vez te pondré una denuncia, que lo sepas.

«¿No sabe defenderse ella solita y tiene que mandar a su novio?», pensaba yo.

—¿Lo has entendido? —preguntó él.

Lo había entendido.

El escándalo arrancó a mamá de la cocina, donde se peleaba con una inocente merluza:

—¿Qué pasa?

—Pregúntele a su hija, que va por ahí pegando a la gente —fue el último comentario del guapo antes de marcharse.

Mamá no dijo nada de inmediato. Esperó a que se le pasara un poco el enfado y entonces lanzó su frase-bomba, como de costumbre. Esta vez no fue una pregunta de esas que nunca tienen una respuesta digna, sino una petición en tono de profundo cansancio:

—Ay, Julia, a ver si de una vez dejas de avergonzarme ante todo el mundo. A este paso, vamos a tener que irnos del barrio.

Mamá se encargó de calmar al guapo (seguía estando guapo pese al enfado) y de prometerle por mí que le pediría disculpas a la enclenque en cuanto hubiera ocasión.

Las cosas no podían ir peor, francamente.

el efecto Pita

Una de las ideas geniales de Ana-Li para las fiestas del barrio consistía en contratar a Mike Pita para que diera un concierto.

Información gratuita para quienes no sepáis todavía quién es Mike Pita: pelo rizado, mucho movimiento de cadera, canciones que se meten en tu cerebro (para taladrarlo) aunque no quieras y una simpatía pegajosa que no parece de este planeta.

Yo, por aquel entonces, consideraba que el llamado rock latino lo componían cuatro clases de grupos: los mediocres, los malos, los fatales y Mike Pita. Es verdad que le encontraba guapo y que hasta me parecía bien que alguna de mis compañeras de clase llevara la carpeta forrada con sus fotos, pero en cuanto le escuchaba berrear olvidaba todos sus encantos y me entraban ganas de salir corriendo. Luego estaban las letras tontas de sus canciones, todo el día sonando en Los 40 Principales:

Si no me miras exploto
y si me miras me muero
eres como un terremoto
eres como un aguacero.

Resumiendo: la idea me parecía de lo más absurda. Sin embargo, a Mollerusa no le pareció mal.

—Este año tenemos más presupuesto, y eso tal vez atraería a gente de otros barrios —dijo, mientras le daba vueltas al bolígrafo entre sus dedos—. Igual nos lo podríamos plantear.

—A la gente joven nos gustaría —dijo Ana-Li, muy risueña.

«Será a la gente joven como tú —pensé—, porque yo en un concierto de ese tipo me moriría de asco» (o de una explosión de mis tímpanos a causa del desafine). Podéis pensar por qué motivo yo no propuse un concierto de alguno de mis grupos favoritos o una fiesta con *disc-jockey* donde sólo se escuchara música electrónica. Muy sencillo: la primera opción estaba descartada por cara y descabellada. La segunda no le habría interesado a nadie. Los de la comisión ni siquiera hubieran sabido de qué tipo de música les estaba hablando y al final todo hubiera acabado en una negativa. Ya os he dicho que estoy acostumbrada a que muy pocos, sólo algunos privilegiados, me entiendan. A veces pienso que ya me he acostumbrado. Así que, como siempre, me callé. Ana-Li, en cambio, no había agotado sus ideas maravillosas:

—Podríamos hacer un concurso de disfraces para todo el mundo. Con premios y todo. Sería muy divertido.

Esa propuesta también les gustó. Mi vecina seguía aportando ocurrencias:

—Y también podríamos organizar un día de encuentro con otras culturas. Por ejemplo, un día de encuentro con la cultura china, con comida en la calle y actuaciones especiales. —Soltó una risilla de conejo por debajo de la nariz.

Mollerusa la escuchaba secándose el sudor de la frente, sin pestañear:

—Tienes muy buenas ideas, niña —le dijo con entusiasmo.

—Gracias. —La carita de no haber roto nunca un plato que puso ella al encajar el cumplido me dio más rabia todavía.

Y llegado este punto llegó la pregunta que había de dejarme en ridículo:

—¿Y tú, Julia? ¿Qué propones tú?

Dije que se me había olvidado la lista en casa, pero que daba lo mismo, porque Ana-Li ya había previsto todo el programa. Creo que entendieron que en realidad estaba allí porque mi padre era un bocazas y que a mí las fiestas del barrio me importaban bastante poco (o casi nada).

—Bueno... —Mollerusa parecía dispuesto a cerrar la sesión—, pues habrá que estudiar esas propuestas y ver si hay receptividad entre los vecinos. Ya os diremos algo y, por supuesto, contaremos con vosotras para todo. Gracias por venir. Esto es lo que le hace falta a este barrio, precisamente: juventud preocupada por que las cosas cambien.

Supe de inmediato que no estaba hablando de mí. Es algo que me sucede a menudo.

Nos despedimos poniendo esas caras absurdas que la gente usa sólo en las despedidas. Salí de allí con la misma sensación que deben de tener los leones de circo cuando abandonan la pista y regresan a sus jaulas calentitas.

Del encuentro con la vecina escultural ya os he

contado. Lo que todavía no sabéis es que hubo otro. Esta vez todo fue mucho más sorprendente. Y también más silencioso.

Recuerdo que yo me terminaba mi plato de croquetas. Papá estaba en días de temporada alta y no paraba por casa. Mamá hacía lo que podía por emularle, pero con la misma fortuna de siempre. Recuerdo a la perfección lo que había en el plato porque las croquetas de mamá son horrorosas, eso que se llama una experiencia inolvidable: duras como piedras, demasiado grandes, sin sabor a nada más que a ajo. Como además, por regla general, suele írsele la mano con la sal, comértelas es, sobre todo, un acto de amor. Mamá se pone muy triste cuando le dices que tal o cual plato no le sale bien. Creo que su habilidad en la cocina es la única cosa que le envidia a mi padre.

Digo que estaba comiendo croquetas. Era tarde. Mamá ya había almorzado y yo acababa de regresar de la playa (¡dos días ya, todo un triunfo!) y de darme una ducha. La tele parpadeaba para nadie en el salón. Me había puesto los auriculares, mi estrategia habitual para aislarme del mundo, así que no oía nada de lo que pasaba más allá de mis tímpanos. Mamá trasteaba en la cocina. De pronto, me pareció reconocer en un anuncio un rostro familiar. Sólo que en ese momento no pude estar segura. En la tele, mucha gente bailaba en muy poco espacio y con muy poca ropa. No resultaba fácil identificar a nadie en aquel conglomerado de cuerpos estupendos. Sin embargo, uno de los planos medios la enfocaba de lleno: llevaba un biquini y un pareo a juego, una cinta en el pelo, gafas de cristales anaranjados de esas de montura invisible... Tuve que permanecer atenta a la tele casi todo el día esperando a que repitieran el anuncio. La gente bailando, de pronto el plano medio, ese pelo, esa cara.

Ya no tenía ninguna duda: la chica del anuncio era la rubia del ático. Sí, sí, la misma chica a la cual yo había agredido. Genial.

Para vencer un poco el aburrimiento que surge cuando ya se ha pasado la novedad de las vacaciones, decidí ir de tiendas de discos. Lo hago de tarde en tarde, cuando me dan dinero por mi cumpleaños o por Navidad. De allí han salido todos mis cedés. Aquellos días, sin embargo, mi obsesión era recuperar mi *9.9.99.9 uhr*, algo bastante difícil, por cierto, por no decir prácticamente imposible. El disco que mi vecina había lanzado por la ventana no sólo era mi favorito, también era de los más inencontrables del mercado mundial. Una sola visita a mis proveedores de música confirmó mis sospechas: no iba a encontrarlo en la vida, a no ser que lo comprara por Internet a precio de oro en alguna tienducha de Berlín y, por supuesto, sin ninguna garantía. Ya me iba cuando uno de los empleados consultó unos papeles y me dio un hilillo de esperanza:

—La semana que viene llegará un pedido y puede que reciba otra copia. Pasa por aquí, a ver si tienes suerte.

Aquello levantó un poco los negros nubarrones de mi ánimo. Sí, ya sé que la frase anterior es un poco complicada, pero así era cómo me sentía: con la cabeza llena de tormentas negras. La llegada a casa no ayudó a mejorar las cosas. Papá estaba desparramado en el sofá, con una cerveza en la mano y una cara de buen humor muy rara a esas horas y en ese día de la semana (era lunes). Nada más verme entrar me saludó de un modo muy raro:

—Ahí está la ideóloga —dijo.

No entendí nada, pero como no era la primera vez que pasaba, me fui directa a mi habitación.

Durante la cena, siguieron los comentarios extraños:

—Ya sabía yo que lo de tanto grupo extranjero no podía durar mucho.

O:

—Por fin estoy orgulloso de lo que estás haciendo, hija.

Debe de ser muy bonito que un padre (o una madre) te mire a los ojos y te diga que está orgulloso de ti, siempre que sepas por qué te lo dice. El problema es cuando no tienes la menor idea de lo que te está hablando. En ese caso, te limitas a sonreír como una boba y a marcharte a la habitación en cuanto puedes, aunque sea quedándote sin postre con la excusa del «Hoy no me apetece».

Estuve un rato pensando en las palabras de papá (que estuvieron secundadas por una cara indefinible, entre lela y paralizada, de mamá), pero ni así pude resolver aquella adivinanza. Lo que sí tenía muy claro era que mi conducta no había cambiado y que, si antes le parecía despreciable y vergonzosa, ahora no había razón alguna para aquel orgullo repentino.

El problema es que papá no fue el único. También mamá se pasó al bando de los que sonríen sin parar nada más verte. Y al día siguiente, se presenta con un regalito. Una caja dura, cuadrada, fina, y envuelta con el papel de una tienda de discos (no de la mía, por supuesto).

—Te he comprado una sorpresa —dijo al entregármelo.

Menuda sorpresa. No podía soñar con una tan grande ni en mis peores pesadillas. ¿Qué diríais que encontré al romper el papel y deshacerme del lazo? El último y flamante disco de Mike Pita, *Si me miras exploto*, del cual se habían vendido ya más de quinientas mil copias.

—¿Te gusta?

La cara de mamá reflejaba tanta ilusión que me pareció cruel arrebatársela de golpe. Por eso opté por las mentiras piadosas:

—No lo esperaba.

Le di la vuelta a la carátula. Doce inolvidables temas, incalificables en la originalidad de sus títulos: *Sólo tú*, *Vuelve cuando quieras*, *Te quiero tanto*, *Ella*... Y así hasta doce vomitivos motivos para arrojar el disco por la misma ventana por la que había volado mi disco de And One. No lo hice, tranquilizaos. Estuve tentada, pero no lo hice. Me limité a sonreír como una idiota, a dar torpemente las gracias y a marcharme con el disco a mi cuarto, donde procuré traspapelarlo enseguida en algún cajón de esos que nunca se abren. Aún escuché a mi madre decir, desde la cocina:

—Así cuando venga al barrio podrás pedirle que te lo dedique.

—¿A quién? —se me ocurrió preguntar (a veces soy un poco despistada, lo reconozco).

—¿A quién va a ser? A Mike Pita. ¿No es tu ídolo?

—Pues no. No es mi ídolo.

—Anda, tontina, si ya lo sabemos. No te avergüences de tus cosas. Mollerusa ya nos lo ha contado.

Aquello me dejó más helada todavía. ¿Mollerusa? ¿Qué podía contar Mollerusa sobre mí y Mike Pita? ¿Había una confabulación contra mí? ¿Quiénes eran mis enemigos en el barrio? O, como preguntan en las películas de asesinos: ¿se le ocurre alguien que pueda tener motivos para odiarle?

La verdad: se me ocurrirían algunos nombres que poner en la lista de mis enemigos, pero el de Mollerusa, precisamente, no era uno de ellos.

Los acontecimientos extraños prosiguieron a lo largo de aquella semana. Uno de aquellos días, se presentó mi padre con el último número de una revista de música para preadolescentes memas en cuya portada salía Mike Pita sonriente y sin camisa, mostrando unos pectorales penosos. A finales de semana, mamá ya tarareaba a todas horas aquella tontería del «Si no me miras exploto y si me miras me muero» que me sacaba de quicio. Era como si, felices y contentos porque por fin su hija demostraba ser una persona normal en lugar de una energúmena que escucha grupos raros de nombres impronunciables, tuvieran que ir por ahí pregonándolo a todas horas.

El «efecto Pita» llegó hasta los trabajadores del restaurante de mi padre, que me daban palmadas en el hombro antes de agradecerme que «hubiera tenido una idea tan genial para la fiesta mayor». Y Mollerusa igual. Sonrisa de oreja a oreja y frase desconcertante:

—Si no llega a ser por ti, no se nos hubiera ocurrido. Con lo contenta que está la gente.

Y así, a paso de hormiguita y en medio de la locura general, llegó el día de volver a la tienda de discos. El corazón me latía a toda prisa cuando le pregunté al vendedor si había llegado el pedido.

Señaló una caja de cartón abierta a su espalda.

—Todavía lo estamos abriendo.

—¿Ha llegado algún ejemplar del *9.9.99.9 uhr*? —pregunté, con un hilito de voz.

—Ha llegado uno, sí —me miró con ojos de desconsuelo o de cordero degollado—, pero acabamos de vendérselo a otra chica. ¿No lo reservaste?

No, claro que no lo reservé. Nadie me dijo que pudiera —o que debiera— hacerlo. Ni siquiera se me ocurrió esa posibilidad. Mucho menos pensé que alguien podía robarme mi doble de And One el mismo día que llegara el pedido. Pensé todo esto en menos de un segundo, pero no pude pronunciar ni una palabra. El chico añadió:

—No hace ni media hora que lo he vendido. Lo siento.

Me quedó un último aliento para preguntar cuándo llegaría otro pedido. El chico miró al cielo (raso), resopló y dijo:

—Ya no vamos a trabajar más con este proveedor. Lo más seguro es que no volvamos a tener ese disco.

Si ahora os digo que, ya de vuelta al barrio, me encontré cara a cara con Mollerusa y su sonrisa idiota, comprenderéis qué motivos pude tener para no estar con él todo lo simpática que hubiera sido deseable. Volvió a nombrarme al insoportable de Mike Pita, de nuevo diciéndome no sé qué de mis buenas ideas, y le solté una buena fresca:

—Para que se entere, eso de Pita no fue idea mía.

Yo odio a ese tío. Me parece malísimo. Horroroso. Una caca.

Palideció un poco. Sudaba, pero creo que eso era a causa del calor. Se quedó sin palabras unos segundos hasta que logró recopilar algunas para decir:

—Perdona, bonita. Nos lo dijo Ana-Li. Que estabas loca por Mike Pita y que todo había sido idea tuya. Que te daba vergüenza hablar en público y por eso habló ella por ti, el día que nos reunimos. Yo no quería molestarte, bonita, no hay por qué tomarse las cosas tan a la tremenda.

Debieron ponérseme los ojos rojos, como a los monstruos de los tebeos cuando se les inyectan de sangre. De pronto, me pareció que mi vecina metomentodo, mentirosa y rompediscos iba a pagar por todo lo que me había hecho. Iba pensando en la forma y el momento cuando llegué a casa y mi madre, parapetada tras su sonrisa de todas horas me dijo, en un susurro:

—Ana-Li, la vecina, está en tu cuarto. No te enfades con ella, creo que viene a hacer las paces.

«Qué bien, ha escogido el mejor momento», pensé.

amigas y fatigas
van unidas

Me gusta jugar a deshacer nudos y, además, se me da muy bien. Cuando te enfrentas al lío en el cordel piensas que no podrás desenredarlo nunca. Luego descubres que en realidad no era tan difícil, que sólo se trataba de tirar de los cabos adecuados hasta que el conjunto empieza a ceder, y que una vez se ha aflojado la primera soga el resto ya es pan comido. ¿Os cuento un secreto? En el cole cobro un euro por deshacer esos nudos que se forman a veces en las cadenitas de oro y de plata. La gente se agobia, pero a mí me distrae hacerlo y soy la más rápida del Oeste (también en esto).

Algo parecido pasó con Analí. Hubo un momento del verano pasado que, viendo nuestra enemistad, cualquiera hubiera predicho que aquél era un conflicto insoluble, que es lo mismo que no poder deshacer un nudo por mucho que te empeñes. Pero de pronto una tiró de un cabo, la otra alisó el terreno para dejar que cediera la otra, y poco a poco aquel lío tremendo empezó a resolverse como por arte de magia. Y todo empezó aquella tarde en mi cuarto. Aunque os advierto: cuando comienzas a deshacer un nudo nunca sabes el tiempo que tardarás en deshacerlo del todo.

Creo que antes de que yo pudiera decirle nada, Analí me entregó el regalo.

—Toma —dijo, tendiéndome el paquete—. Esto es para ti.

Pero yo, que nunca he sabido calmarme a tiempo y que además no soy muy buena en las artes de la diplomacia, sentía aún mis instintos asesinos intactos. Así que la miré de la peor de las maneras y le solté, llena de rabia:

—¿Por qué vas contando mentiras sobre mí?

—Ahora te lo explico —contestó—. Si me dejas, lo entenderás.

—¿Estás insinuando que normalmente no entiendo las cosas?

Vale. Lo reconozco. Cuando me pongo insoportable no hay quien me aguante.

—Noooo —se apresuró a decir ella—. No quiero decir eso, de verdad. Quiero decir que hablando se entiende la gente. O eso dicen. Yo sólo quiero hablar y que tú me entiendas.

—Pues yo no quiero hablar contigo.

—Pero antes —me interrumpió— quería pedirte perdón por la parte de culpa que me corresponda en nuestro enfado.

«Qué detalle», pensé.

—Por eso te he traído esto —añadió, señalando la cajita—. Ábrelo, anda.

Debería haberlo hecho. Mi parte razonable me decía: «Venga, Julia, olvídalo todo y hazle caso a la vecinita, que viene en son de paz.» Pero mi yo gamberro, mi parte más camorrista, insistía en todo lo contrario: «Échala de tu cuarto. Es una destrozadiscosdeAndOne, una mentirosa, además de marisabidilla y amiga de la rubia del ático.»

¿Habéis adivinado quién ganó? Por supuesto, la

parte mala de mi personalidad. Le devolví el regalo sin ni mirarlo y le dije, muy seria:

—Vete de mi habitación. Aquí sólo entra la gente que me cae bien.

Creo que se fue llorando, pero preferí no mirar. Me tumbé en la cama, me puse los auriculares y cerré los ojos. Sonaba *In Your Room* de Depeche Mode. Un lujo.

Me sentía satisfecha de haber ganado otro asalto.

No salí de allí hasta la hora de cenar. De hecho, no salí hasta que oí el portazo que sigue todos los días a la llegada de papá. Suele ser el toque de aviso de que la cena está a punto para ser devorada. Tenía mucha hambre. Paré el *discman* de inmediato, agucé el olfato y reconocí enseguida el menú: tortilla de patatas. Mi cena favorita. Sólo que aquella noche, al llegar a la mesa, encontré mi plato vacío. Bueno, no exactamente: en lugar de la porción de tortilla y el pedazo de pan que suelen tocarme en estos casos, sobre mi plato estaba el paquete cuadrado que le había devuelto a Analí.

—No ha querido llevárselo, pobrecilla. Dice que lo compró para ti y que a ella no le gusta —dijo mamá en un tono de neutralidad demasiado sospechoso.

Papá nos miraba con cara de no entender nada.

Yo miraba a mamá.

Mamá miraba el paquete.

El paquete parecía decir: «Ábreme, idiota, a qué esperas.»

—Creo que te has portado muy mal con ella

—prosiguió mamá, a quien ya os he dicho que las causas perdidas y las injusticias del mundo se le dan muy bien.

Aparté el paquete de mi plato y la interrogué con la mirada. En realidad, le estaba preguntando dónde estaba mi tortilla pero sin preguntarle dónde estaba mi tortilla. No sé si me entendéis. Las madres tienen un sexto sentido increíble para los idiomas que no se enseñan en ninguna academia. La mía lo tiene. Aquel día, por ejemplo, dijo:

—He calculado mal y no he tenido suficientes patatas ni huevos para tu tortilla. Lo siento.

Lo dijo en un tono de lástima muy creíble. Como si realmente lamentara lo ocurrido. Papá, que a veces es de un ingenuo fuera de lo común, se precipitó a darme su plato:

—Toma, hija, yo puedo comer otra cosa.

Pero mamá le detuvo con una orden seca:

—Ésa es *tu* tortilla. La he hecho para ti.

Era su manera refinada de decirle a mi padre: «¡Alto ahí! Como des un paso más, disparo.»

Yo seguía mirando el paquete.

—Pues me voy a mi cuarto —dije, más perpleja que enfadada.

Era la primera vez que mi madre utilizaba conmigo una táctica de regañina tan sofisticada.

—Eso, hija —celebró mamá—, vete a tu cuarto y piensa un poco en todo esto. Sal cuando tengas una solución satisfactoria.

Así lo hice. Me tumbé en la cama, oyendo el rugido de mi estómago, desolado después de olisquear la tortilla y no poder catarla, con el paquete sin abrir sobre la tripa y los ojos cerrados. Mis pensamientos iban tan deprisa que ni siquiera pensé en ponerme los auriculares.

Tal vez sí que había sido demasiado dura con Analí. Sé que no reacciono bien cuando estoy enfadada, que me cuesta mucho dar mi brazo a torcer. Mamá dice que soy terca como mi padre y orgullosa como ella, y que esa es una fatal combinación. Por supuesto, en ese postulado no todos estamos de acuerdo, pero ella insiste (y dice muchas veces que habla con conocimiento de causa). Tal vez había estado muy antipática con mi vecina. Por un momento, se me ocurrió lo que hubiera sentido yo de darse la situación al revés. Pensé que si Analí me hiciera algo así yo no la podría perdonar en mil años. Claro que yo tampoco hubiera ido a verla con ningún regalito. Tuve que reconocer que Analí había dado un primer paso y que yo no había estado a su altura. No fue fácil reconocerlo.

A continuación tocaba decidir cuál iba a ser la siguiente jugada. Se me ocurrieron varias cosas. Algunas me daban mucha vergüenza, otras no me gustaban nada.

Al final me decidí por una de las que más vergüenza me daba, pero que parecía la más lógica. Si ella había dado un primer paso, ahora me tocaba darlo a mí. Hasta aquí, parecía lógico. Iría a su casa y le diría exactamente todo esto que acababa de pensar, lo de mis prontos y tal. No le daría la razón del todo, eso no. Ni tampoco le perdonaría lo de mi disco volante. Eso menos. Pero así no me sentiría tan bruja la próxima vez que se plantara delante de mí.

Salí de mi cuarto y comuniqué mi decisión a las autoridades.

—He pensado en ir a verla y contarle qué ha pasado.

—¿Vas a pedirle disculpas? —preguntó mamá, en el mismo tono que utiliza mi profesora de inglés para decirnos que no nos sabemos los verbos irregulares.

—Bueno —refunfuñé.

Una cosa es estar dispuesta a pedir disculpas. Otra muy distinta es estar dispuesta a reconocer que vas a pedir disculpas. Creo que mamá no entiende la diferencia.

—¿Te ves capaz de no volver a pelearte, no insultarla, no ponerte antipática y no hacerla llorar?

Me entraban ganas de contestar: «No sé si me veo capaz de hacer tantas cosas al mismo tiempo.» Pero dije, muy modosa:

—Lo intentaré.

—Pues no tardes mucho. Es tarde.

Mamá no sabe ponerse fría como el hielo, aunque quiera. De todos modos, hay que reconocer que sus intentos tienen mucho mérito.

Bajé hasta casa de mi vecina por la escalera, sin encender la luz. Llamé al timbre con el corazón hecho un ovillo en mi pecho. Creo que pocas veces he estado tan nerviosa. Abrió la puerta la madre de Analí.

—Vengo a hablar con Analí —dije.

—Hola, Julia, qué sorpresa. Se pondrá contenta —contestó.

«Permítame que lo dude», pensaba yo.

—Ya sabes dónde está su cuarto. Pasa, hija, pasa.

Pasé. La puerta estaba abierta. Analí estaba sentada en su escritorio, dibujando, creo. No podía verme porque estaba de espaldas a mí. Por eso pude mirar a mis anchas durante unos segundos. Y por fin lo entendí todo: había fotografías de Mike Pita hasta en la pantalla de la lámpara. Por todas partes. Mike Pita en bañador, en pantalón corto, Mike Pita saliendo del mar, tomando el sol, cantando en un escenario, estrechando la mano de sus fans, bajando de un coche, agarrando a una chica por la cintura... Era ella la que estaba loca por aquel engendro de la música moderna. Completamente chiflada, a juzgar por el número de veces que Mike Pita me miraba desde todos los rincones de aquel lugar. A Analí le sobresaltó un poco mi saludo.

—Hola.

Se volvió a mirarme pero no me dijo nada. Entendí que esperara que hablara yo. Continué:

—Creo que me he pasado —fue lo primero que se me ocurrió—. Es que cuando me enfado es como si no supiera parar, no sé qué me pasa.

Analí seguía mirándome sin pronunciar palabra.

—Reconozco que me porto como una imbécil. Deberíamos tener un interruptor para desconectarnos cuando pasa eso. No quería echarte de mi cuarto, de verdad.

Me costaba trabajo pronunciar las palabras, era como si aquellas frases se encallaran en mi cerebro, como si no quisieran salir.

Analí seguía muda.

—Tampoco quería decirte que me caes mal. Aunque muy bien no me caes. Pero igual podemos arreglarlo, no sé. Conocernos un poco.

Analí suspiró muy profundamente.

—Creo que me he pasado —repetí.

—Eso ya lo has dicho —dijo ella por fin—. ¿Has cambiado de actitud después de abrir el regalo?

El regalo. Se me había olvidado por completo. Creo que por mi cara ella también se dio cuenta. Se lo dije.

—Igual podríamos intentar ser amigas —propuso ella—, a ver qué tal se nos da. A mí me gustaría mucho.

—A mí también —hube de reconocer. Y señalé a mi alrededor antes de añadir—: Aunque te guste Mike Pita.

En casa me esperaban dos sorpresas: sobre mi plato, recién calentada en el microondas, esperaba mi porción de tortilla de patatas.

—Como veo que empiezas a preocuparte por los demás, me he acordado de prepararte la cena —dijo mamá, que es tan amiga de los cuentos con moraleja.

La segunda sorpresa era el regalo de Analí, aún por abrir. Lo encontré de pronto, al apartar la sábana de mi cama para acostarme. Me tumbé con él entre las manos y rasgué el papel sin ningún cuidado. ¿Y qué encontré dentro? Una copia del *9.9.99.9 uhr*, nuevecito, con su plástico y todo, recién salido de mi tienda de discos. Aquello le habría costado su esfuerzo. Lo reconozco: fue en ese momento, y no antes ni después, cuando Analí empezó, de verdad, a dejar de parecerme una estúpida. Fue en ese momento cuando pensé en la posibilidad real de hacerme amiga suya. Y también en lo fabuloso que podía resultar tener una amiga.

¿Sabéis cuál es una de las mayores satisfacciones

de deshacer un nudo de los más difíciles? Que cuando lo has conseguido miras el cordelito, o la cadena de oro, o lo que sea, y te parece increíble que allí pudiera haber habido un nudo. O que se forme otro en el futuro.

Eso es lo mejor: ese ratito de satisfacción.

y ahora qué

Lo peor de bajarse del burro es que corres el riesgo de aburrirte mucho el resto del verano. Si ya no puedes estar molesta a todas horas, ni espiar a la vecina, ni sentirte incomprendida el resto del día, ¿a qué vas a dedicar tu tiempo? Menos mal que, tal y como estaban las cosas el año pasado, no íbamos a tener, ninguna de las tres, mucho tiempo para aburrirnos, precisamente. No sólo porque por todas partes empezaba ya a percibirse ese ambiente como de ebullición de los que organizan algo, también porque aún quedaban algunas emociones por vivir. En el ático estaban las más importantes, pero eso por lo que a mí respecta. Analí, seguro, no estaría de acuerdo conmigo. Para ella el verano pasado fue muy importante.

Me gustaría más que lo contara ella con sus propias palabras, pero sus padres acababan de prometerle llevarla a China en otoño. Habían elegido esas fechas porque en noviembre bajaban las tarifas de avión y el viaje —¡que era un pedazo de viaje!— resultaba más económico. De manera que al chollo de las vacaciones, Analí sumaba otro aún mayor: el faltar al colegio durante quince días y encima con consentimiento absoluto del director. Menuda cara. Por aquellos días, mi nueva amiga empezó a enseñar orgullosa los catálogos de la agencia de viajes.

—Primero iremos a Pekín, explicaba. Son catorce horas de avión. De allí a Xian, una ciudad del sur, que es donde yo nací. —Señalaba un punto en el mapa donde se veían accidentes geográficos que parecían huevos fritos—. Mamá dice que hasta podremos visitar el orfanato donde me conocieron y en el que yo viví los primeros nueve meses de mi vida.

Lo decía con una ilusión pegadiza. Era imposible no sentir una envidia corrosiva por las emociones que iba a experimentar, ese tipo de envidia más o menos buena que se siente por una amiga.

Aquellos días no había mucho tiempo para charlas. Mollerusa se había acostumbrado a contar con nosotras para casi todo y ya había decidido lo que él llamaba «darle un impulso joven a las fiestas del barrio» y organizar el concierto de Mike Pita. Lo primero que hizo fue buscar el emplazamiento. Se suponía que el evento sería multitudinario, por lo que lo mejor sería contar con un lugar grande y espacioso, un poco separado de las casas de los vecinos. El antiguo mercado, por ejemplo. Lo tenía todo pensado, pero le gustaba consultarlo con nosotras para que le dijéramos lo buenas que eran sus ideas. Por supuesto, el mercado nos pareció un lugar muy apropiado. Ya nos imaginábamos el escenario, los focos, las bailarinas con poca ropa que siempre acompañaban al guaperas, las barras de bar donde se venderían cervezas en vasos de plástico y bocadillos de casi todo y hasta a nosotras mismas en la puerta, cortando las entradas a los que fueran pasando. Estábamos convencidas de que sería la actuación más sonada de los últimos trescientos años de historia del barrio. Analí era toda emoción. Su idolatrado Mike Pita iba a estar a apenas unos metros de su casa. No se lo podía creer. Yo no compartía su nerviosismo, pero me gustaba verla tan aturullada. De alguna manera, todo aquello del chico de los ricitos me divertía mucho.

Lo mejor llegó el día en que Mollerusa nos convocó para decirnos que habían hablado con la representante de Pita y que la fecha del concierto estaba cerrada. Analí por poco se cae de su silla del susto. Más aún cuando repitió la fecha prevista, como si fuera el eco del propio Mollerusa:

—Diez de septiembre... Es el día de mi cumpleaños.

«Menudo regalo», pensé yo.

—La más emocionada debes de ser tú —dijo Mollerusa, refiriéndose a mí—. Se nota porque no has pronunciado palabra, guapa. Te gusta que venga tu ídolo, ¿verdad?

No quise contradecirle, ni deshacer el equívoco. Ya me daba igual que Mollerusa y el barrio entero pensaran que el tonto de Pita me volvía loca, si por lo menos alguien conocía mi verdadero buen gusto.

—Emocionadísima —contesté.

Por ahora, el único chico que conseguía emocionarme seguía siendo el rubio del ático. Seguía sintiéndome fatal cada vez que me cruzaba con él en la puerta y me seguía latiendo el corazón muy rápido cada vez que le veía en la distancia, ni que fuera desde la ventana de mi cuarto. Según mamá, esos eran dos síntomas inequívocos tanto de mi enamoramiento como de que me estaba haciendo mayor, sin que yo acabara de ver muy clara la relación entre una cosa y la otra, pero en fin. Por supuesto, ése seguía siendo mi secreto, una de esas cosas que no me hubiera atrevido a confesarle a nadie. A Analí, ni hablar, porque era amiga de la rubia venenosa del ático y podía irse de la lengua en cualquier momento. Y, de verdad, si hay algo peor que estar enamorada de un chico que ni te mira cuando se cruza contigo es estar enamorada de un chico que no te mira y que encima tiene una novia espectacular en la que todos, absolutamente todos —y quedan incluidos papá y hasta el señor Mollerusa— se fijan a todas horas. De manera que decidí guardarme para mí esta información confidencial, y dedicarme a ponerme triste de incomprensión y desamor cada noche a eso de las once, que era cuando me encerraba en mi cuarto con mis auriculares y mis queridos músicos diferentes.

Sin embargo, me aguardaban más sorpresas, una de ellas muy desagradable y muy inesperada. ¿Qué pensaríais si de pronto vuestra confidente, la persona en la que habéis creído con la certeza de que nunca jamás os traicionaría, se pusiera a contarle a todo el mundo vuestras intimidades más íntimas? ¿Y si, para colmo, esa persona fuera vuestra comprensiva, diplomática, mediadora y moralista madre? Pues eso fue lo que me pasó, ni más ni menos. Una mañana, mientras tomábamos una horchata en la calle, Analí se pone interesante y me susurra al oído:

—No hace falta que disimules conmigo, porque lo sé todo.

No entendí el significado de esa frase al más puro estilo James Bond en el contexto de una conversación estúpida como la que estábamos manteniendo. De hecho, tratábamos uno de nuestros temas favoritos en aquellos días: los chicos. Cuáles eran los mejores, con cuáles nunca saldríamos o si era posible ser amiga, realmente amiga, de uno de ellos sin terminar siendo su novia. Nada nuevo. Por eso aquel misterio me dejó fuera de juego.

—¿Qué es lo que sabes?

—Mi madre me lo ha dicho —dijo Analí.

Intenté imitar su tono de voz cuando pregunté:

—¿El qué?

—Lo de Arturo.

¿Arturo? No conocía a ningún Arturo. O mi amiga se estaba volviendo loca o a mí se me empezaban a fundir las neuronas.

—A mi madre se lo contó la tuya —dijo ella entonces—, por eso se ha enterado.

En ese instante empecé a sospechar quién podía ser Arturo. También empecé a desear con todas mis fuerzas volver a casa para echarle una superbronca a mamá. El mundo al revés, ya lo sé, pero en este caso se lo merecía ella, ¿o no?

—Tranquila —prosiguió Analí, cada vez más peliculera—, que ya le dijo que no se lo contara a nadie. Tu secreto está a salvo con nosotras.

Pues ya veía yo de qué manera guardaban secretos todas ellas, pensé. Para pronunciar su última frase, Analí me agarró el brazo y bajó un poco la cabeza, para hacerse la muy seria.

Yo pensaba: «La mato, la mato, la mato.» De todas las catástrofes que podía imaginar en aquel momento, aquella me parecía la peor de todas. Pero no. Estaba equivocada. Como ya había comprobado aquel verano, las cosas siempre pueden empeorar. Así que, de repente, zas, empeoraron: por el otro extremo de la calle aparecieron el rubio del ático y su rubia espectacular. Analí los detectó al mismo tiempo que yo.

—Mira qué casualidad —dijo. Y antes de que yo pudiera reaccionar, estaban frente a nosotras, y mi risueña amiga diciendo—: Qué coincidencia, hablábamos de vosotros.

Yo deseaba volatilizarme.

La rubia —nunca hasta entonces me había parecido tan alta— me lanzó una mirada gélida, y saludó a Analí con dos besos en las mejillas. Su guapo acompañante permanecía un poco apartado, escribiendo un mensaje en su teléfono móvil, como si el encuentro no le importara o como si quisiera fingir indiferencia. Eso me dio la oportunidad de mirarle un poco más y también de sentirme un poco más incómoda: no podía dejar de pensar que aquellos dos me odiaban.

—¿Sabes que estamos en la organización de las fiestas del barrio? —le dijo Analí a la rubia.

—Sí, ya me he enterado de que va a venir el pesado de Mike Pita. Ya me han dicho de quién ha sido la idea. —Otra mirada asesina hacia mí.

Analí se quedó un poco cortada.

—¿No te gusta Mike Pita? —preguntó.

—Me parece horroroso. No sabe cantar. Está de moda porque ha salido en la tele. Sólo le gusta a las niñas idiotas.

Mira qué bien, alguien que pensaba de Pita lo mismo que yo. La rubia empezaba a caerme un poquito menos mal. Como imaginaréis, todo lo anterior lo dijo sin mirarme, pero yo sabía que sus palabras eran dardos envenenados hacia mí. Dardos envenenados que, sin embargo, ofendían a Analí, que no podía decir nada. También tenía gracia que alguien que sale en la tele piense que los que salen en la tele gustan a los idiotas. Curioso, pensé. Mientras esta interesante conversación tenía lugar, el rubito había terminado de mandar su mensaje y empezaba a ponerse nervioso.

—Tenemos que irnos, Lisa —dijo, con una sonrisa entre diplomática e impaciente.

La rubia se apresuró a despedirse.

—Es verdad, se nos va a hacer tarde. Bueno, ya seguiremos hablando, Analí —le dijo a mi amiga, antes de darle dos besos. Por supuesto, a mí seguía ignorándome por completo.

Cuando se fueron, Analí estaba nerviosa como un flan. La situación la había hecho sentir muy incómoda. No tanto como a mí, seguro.

—Esto hay que arreglarlo —dijo, tan resuelta como en ella es habitual.

—¿Le vas a decir que a quien le gusta Pita es a ti? —pregunté.

—Todavía no... Si no te importa, claro.

No, no me importaba en absoluto que aquella idiota pensara de mí lo que le viniera en gana. Yo haría lo mismo con ella y, por ahora, no podía soportarla.

—¿Entonces?

—Tenéis que haceros amigas —concluyó—. De hecho, las tres deberíamos hacernos amigas. Tenemos casi la misma edad.

¿En serio? Nunca lo hubiera dicho. Yo a la rubia le echaba por lo menos dos o tres años más. Sería por la altura o por su manera de vestir, pero parecía mayor que nosotras. La traidora de mamá también solía decirlo.

—Eso va a ser bastante difícil —sentencié yo—, ella no me soporta.

—Y tú a ella tampoco.

Eso era verdad. Analí daba en el clavo pero ni por ésas parecía dispuesta a rendirse.

—Además —dije—, ¿para qué va a querer ser amiga nuestra? Ella viene a lo que viene. No creo que teniendo aquí a su novio quiera perder el tiempo con amiguitas.

—Su... ¿qué? —Ahora era Analí la que estaba fuera de órbita.

—Su novio. Son tal para cual. Igual de guapos, igual de rubios, igual de altos... No querrá nada con nosotras, seguro.

Analí miró con atención mis pupilas, en un gesto teatral.

—Oye, Julia, ¿te pasa algo en los ojos?

Me los toqué casi por instinto, de forma automática.

—A mí no, ¿por qué?

—¿Tú ves bien?

—Sí. Creo que sí, vamos.

—¿Cuánto hace que no te gradúas la vista?

—Nunca me he graduado la vista. Veo perfectamente. ¿De qué va esto?

—Pero, bonita, ¿tú no te has dado cuenta de que Arturo y Elisa son iguales, dos gotitas de agua?

Me dejó sin palabras. No, no me había dado cuenta. Tampoco sabía lo que estaba tratando de decirme.

—¿Igual de rubios, igual de altos, el mismo color de ojos y hasta la misma sonrisa?

No me había fijado, en serio.

—Son tal para cual, ya lo veo.

—Claro que son tal para cual, burra, ¡porque son hermanos! —dejó escapar una carcajada.

—¿Hermanos? —pregunté yo, atónita.

—Hermanos. Arturo es un poco mayor. Ella tiene nuestra edad y va a querer ser nuestra amiga porque con él se aburre mucho, sólo tiene discos de Britney Spears y manuales de *Hágalo usted mismo*. Y no tiene ni una amiga de verdad.

Vaya por Dios. Un punto para la rubia, y de los importantes. Y lo de Britney Spears, no sé, no sé, eso sí que no estaba dispuesta a creerlo así como así.

No es nada fácil reñir a tu madre. En primer lugar, y por razones obvias, careces de experiencia. Aunque hay que reconocer que las muchas frases escuchadas a lo largo de reprimendas por parte de los mayores te enseñan a utilizar algunas expresiones clave: «Estoy muy cansada de...», «Que sea la última vez que...», «No sé cómo tengo que decirte...», «Estoy muy disgustada contigo...», y un largo etcétera. Sin embargo, cuando tú no eres quien encaja la bronca, sino quien lleva las riendas de la misma, las cosas cambian. Por ejemplo, no es nada fácil ponerse tan seria durante tanto rato sin que se te escape la risa por debajo de la nariz. Tampoco debe escaparse la risa la primera vez que la otra persona dice algo, o cuando vemos su cara de asombro ante lo que está pasando. Hay que mantener el tono firme de principio a fin, en eso radica el secreto de toda buena regañina. Lo acompañas todo de algunas palabras pronunciadas con más énfasis y de tres o cuatro gestos exagerados y ya está: te sale una bulla que ni las mejores de papá. Y con la ventaja de que los mayores no se la esperan, porque hace mucho tiempo que nadie les riñe.

Aquella noche, mamá reconoció que había metido la pata. No tenía otro remedio: la había metido. Le dije que había traicionado mi confianza, que de ninguna manera esperaba eso de ella y que ahora me costaría mucho volver a tenerle fe. Ella me miraba compungida —¡el intercambio de papeles era genial!—, y enseguida dijo que lo entendía, que se había ido de la lengua y que trataría de arreglarlo como mejor supiera. Aquí fue mi ocasión de utilizar otra de sus expresiones: «No sé si prefiero la enfermedad al remedio.» Ella prometió tener tacto y no dejarme más en ridículo y yo acabé por relajarme un poco y abandonar el tono de sargento. No hicimos las paces aquella misma noche. No del todo, por lo menos, aunque nos sentamos juntas a ver una peli muy mala que nos dio un sueño horrible. Cuarenta y ocho horas después yo ya era la misma de siempre, y ella, en su más puro estilo, parecía dispuesta a ser más estupenda que nunca.

abuela con sorpresa

En éstas, sin previo aviso, sin llamar, ni escribir, ni ponerse enferma, sin que nadie supiera a qué ni por qué motivo, regresó la abuela. Al principio todos nos sobresaltamos:

—¿Pasa algo, mamá?

—¿Te encuentras bien, suegra?

—¿Olvidaste algo, abuela?

—Pero bueno... —respondió ella—, ¿es que no puedo venir a veros porque tengo ganas y ya está? Menudo recibimiento.

Que yo recordara, la abuela nunca había hecho nada parecido. Al contrario: sus visitas estaban precedidas de largas y tediosas semanas en las que lo planificábamos todo: cuándo vendría, en qué tren, durante cuánto tiempo, dónde dejaría al gato, si el médico la había puesto a dieta o no esta vez. Mamá solía preparar su cuarto con muchísima antelación. Sacaba las sábanas del armario del pasillo y las extendía con cuidado sobre el colchón, como si estuviera preparando una cama para un escaparate. Luego la colcha, los almohadones, la radio y los mitones de leer. La abuela es una mujer de costumbres fijas y aburridas, y nunca hace nada que no lleve haciendo en los últimos cincuenta años.

Nunca antes, pero nunca jamás de los jamases, había la abuela tomado por las buenas la decisión de venir a vernos. Por eso, en una mujer tan sistemática, organizada y repetitiva como ella, era tan preocupante un comportamiento como aquél. La observábamos como los científicos miran a los bichitos que se asoman a sus microscopios: sin quitarle ojo de encima. Ella lo notaba y nos llamaba pesados, y caminaba por el pasillo refunfuñando cosas que entendíamos sólo a medias, pero que una vez reconstruidas no debían de ser muy distintas de:

—Vaya por Dios, quiere una dar una sorpresa y mira cómo la reciben.

Por la noche, cuando se acostó, escuché a mamá decirle a papá que la abuela estaba muy rara, muy parlanchina, muy contenta.

—Y muy guapa —dijo—, ¿no has notado tú que está muy guapa?

Mi padre no había notado ninguna diferencia en su suegra.

—¿Cómo que no? —saltó mamá—, pero si hasta se ha hecho reflejos azules en el pelo, ¿no los has visto?

—¿Reflejos azules?

Yo sí lo había notado. La abuela llevaba el pelo como más limpio, mejor peinado, un poquito más largo, más rizado y también un poquito azul. Le quedaba muy bien.

—Y está un poco más delgada —añadió.

Aquello se aclaró por la mañana, cuando la abuela preguntó si no había cereales con fibra para desayunar y, mientras mamá la miraba como habría observado a un selenita que hubiera aparecido de pronto en el salón, le dijo:

—Es que mi monitora de *fitness* no quiere que coma otros.

Y esa no fue la única sorpresa que nos tenía reservada la veterana de la familia. Se había apuntado a un cursillo de Internet para gente de la tercera edad.

—No tan tercera, ¿eh? Yo aún ando por la segunda y media —solía decir ella.

Y además, lo más increíble de todo: ¡llevaba un Tokia 6090! ¡Un teléfono móvil último modelo! ¡Y hasta la oíamos jugar a los marcianitos cuando se encerraba en el baño!

Mamá, que tiene cierta tendencia natural a las preocupaciones, iba de un lado para otro con cara de pocos amigos y en cuanto tenía ocasión le calentaba la cabeza a papá con sus pensamientos descabellados:

—¿Tú no has oído que hay enfermedades muy graves que empiezan así? Primero juegan a los marcianitos y se apuntan a un gimnasio y luego, zas, la palman.

Pero papá, que tiene cierta tendencia a la despreocupación más absoluta, le quitaba hierro a la cosa:

—Pues a mí tu madre no me parece enferma, qué quieres que te diga. Si se la ve más sanota que a mí.

Por cuestiones como éstas (y por menos) lo más normal es que mis padres terminen peleados. Aquélla no fue una excepción.

Y como intentar hablar con mis padres cuando están de morros es del todo inútil, me uní al bando de mi abuela y nos lo pasamos genial. Fuimos un día juntas a la playa (¡se había comprado un biquini fucsia! Eso sí, las braguitas eran un poco grandes), salimos alguna tarde a tomar un batido a un bar hawaiano que entonces acababan de inaugurar en el barrio y hasta hablamos de los grandes temas de la vida, como la cobertura del teléfono móvil o la lentitud a la que va Internet durante algunas horas del día.

También alquilamos pelis de vídeo, comimos helados, hicimos galletas (son su especialidad, en eso no había cambiado) y la llevé a mi tienda de discos, lo cual fue todo un acierto, porque me regaló uno de los VNV Nation que no tenía. En fin, que durante el primer día y medio de su estancia, la abuela fue toda para mí. Enterita.

—Yo no quiero gente con caras largas —decía ella, con expresión de pícara—, así que si piensan seguir así, vuelvo a mi casa y se quedan sin la sorpresa.

Al tercer día, mis padres parecieron firmar una tregua y las cosas ya volvieron a ser más o menos como siempre. Y la abuela también: se metió en la cocina y empezó a preparar sus delicias de toda la vida: croquetas de bacalao, los macarrones con ese toque especial que sólo ella sabe darles, sus roscos de anís para chuparse los dedos... La única diferencia era que ahora la abuela se pasaba el día canturreando cosas, haciendo ruiditos sospechosos o lanzando exclamaciones al aire que eran sólo para ella, del tipo:

—¡Pero qué bueno está esto, madre, si soy una genia del fogón!

Hasta me pareció reconocer entre sus cancioncillas algo del insulso de Mike Pita, pero preferí pasarlo por alto.

Papá y mamá la escuchaban con desconfianza. Mamá fruncía el ceño y papá se encogía de hombros. De alguna forma, parecían decir: «Bueno, pues sea lo que sea lo que le pase a la abuela, ya nos lo dirá si quiere.»

Pero aunque mamá se hiciera fuertes propósitos

de no sonsacar a su madre, las cenas se convertían en puros interrogatorios.

—¿Y cómo ha sido eso de apuntarse a un gimnasio, mamá? Menuda sorpresa.

Pero la abuela es un hueso duro de roer.

—¿No te parece que ya iba siendo hora? —contestaba, muy natural, como si apuntarse a un gimnasio a los setenta y seis fuera lo más natural del mundo.

Mamá insistía (para tercas, ella):

—¿Ha sido tu peluquero el que te recomendó que te hicieras esos reflejos azules tan divinos?

—Pues no. Lo decidí así, de pronto. Tenía ganas de verme distinta.

—¿Y tu venida...? No sé, nunca lo habías hecho.

—Ay, hija, qué preguntorio más desagradable —zanjaba la abuela—. Vamos a cenar en paz, venga, ya te enterarás de todo a su debido tiempo.

Mamá se ruborizaba. Quería enterarse de todo, como siempre, pero le fastidiaba que nos hubiéramos dado cuenta.

Yo tampoco entendía gran cosa, la verdad, y también tenía ganas de desentrañar aquel misterio, pero de algún modo mi cercanía a la abuela, la camaradería que se estableció entre ella y yo durante aquellos primeros días de su regreso, hicieron que me comportara más como una persona adulta que las mismas personas adultas. Sabía que tarde o temprano la abuela terminaría diciéndonos lo que había venido a decirnos.

Mis sospechas se confirmaron cuando, la segunda noche, la descubrí hablando muy bajito por su móvil y diciendo:

—Pues no, aún no he dicho nada porque me parece que no están preparados. Qué va a ser una tontería. Si vieras a mi hija y a mi yerno te quedaría claro. Sí, mi nieta es otra cosa. Preferiría que no vinieras. Por ahora no. Yo te avisaré. Que sí, claro que me encuentro bien. Mejor que nunca, a decir verdad.

Todo aquello era un misterio que centraba toda nuestra atención. Lástima que yo no pudiera seguir dedicándole todo mi tiempo, como me hubiera gustado. Las fiestas se acercaban, y nosotras formábamos parte de la comisión organizadora, por mucho que me pesara.

—Cuento contigo para el día de la cena, hija —me había dicho mi padre aquellos días.

—Claro.

—Y me iría bien encontrar a un par de personas más que nos ayudaran a servir los platos —añadió.

Pensé que se lo propondría a Analí. Aceptó enseguida, muy contenta de hacer algo que no había hecho nunca. Y de inmediato se le ocurrió quién más podía ayudarnos:

—Se lo podemos decir a Elisa.

—Uy, no, de ninguna manera —me apresuré a contestar—. Esa no puede verme ni en pintura.

—Pues a mí me parece una buena ocasión para que hagáis las paces.

Hacer las paces. Qué difícil. Las causas perdidas nunca han sido lo mío.

La sorpresa que me esperaba al llegar a casa iba a ser impresionante. Mamá de morros y la abuela en su habitación, como si estuviera castigada. Cuando papá llegó a comer, mamá dejó escapar uno o dos de esos bufidos desagradables que enseguida te pone sobre aviso acerca de lo que pasa: mal rollo, mejor apartarse. Lo que sucede es que papá siempre pica:

—¿Te pasa algo, cariño? —le preguntó, con esa docilidad tan suya cuando se pone cariñoso.

—Pregúntale a mi madre —fue la contestación.

Extraña respuesta. Papá se quedó tan petrificado que prefirió esperar frente al sofá, chupándose uno de esos horribles informativos regionales en los que se cuentan cosas que no interesan a nadie.

A la hora del aperitivo se desveló la cuestión.

—Anda, mamá, da tu maravillosa noticia al resto de los miembros de la familia.

La abuela tenía una pose de dignidad que me recordó a la de las actrices norteamericanas. Nunca la había visto así. Parecía más que molesta: ofendida.

—Tal vez éste no sea el mejor momento —dijo, en un tono gélido.

—¿Cómo que no, mamá? Venga, díselo.

Me entraban ganas de preguntar de qué iba todo aquello. Sin embargo, prefería no echar más leña al fuego. La abuela lanzó sobre mamá una mirada despectiva, llenó de aire los pulmones y nos sorprendió con la noticia del año:

—He venido a deciros que tengo un novio. —Volvió a mirar a mamá con la misma expresión y añadió—: Os guste o no.

A mí me pareció genial. Lo dije:

—¡Qué genial!

Mamá me fulminó con la mirada. Papá se había quedado a medio masticar una patata frita. No se le ocurrió otra cosa sino preguntar:

—¿Cómo novio?

Mamá le sacó de dudas en su más puro estilo desagradable:

—Pues novio. Un amiguito. Un ligue. Alguien con quien ir al cine y tomar coca-colas. Es como si tuviera quince años. El mundo al revés, vamos. A sus años, va y tiene novio. Mira tú qué cosas pasan.

La abuela seguía con su postura de esfinge egipcia. Mamá, en cambio, enrojecía por momentos. Estaba muy claro que la noticia le había sentado fatal.

—¿Quién es, abuela? —pregunté.

—Ya te lo contaré en mejor momento, hijita —respondió ella.

—No, mamá, no. Tú a la niña no le calientas la cabeza con esa tontería de que tienes novio. A tu edad. Pero si deberías estar haciendo ganchillo y jugando al dominó. Déjate de chorradas que aquí tenemos cosas mucho más importantes en las que pensar.

—Muy bien —dijo la abuela, levantándose de la mesa—, entonces ya está todo dicho.

Se fue a su cuarto. Mamá se calló de golpe. Papá nos miraba con cara de no haber encajado aún la noticia.

—¿Y tú? ¿No vas a decirle nada? —le atacó, en un tono muy desagradable.

—¿Yo? —se defendió él—. No sé, yo creo que tu madre es mayorcita para decidir lo que más le conviene.

—Lo que más le conviene a ella puede que sí pero, ¿y a los demás? ¿Ha pensado en los demás?

—Pero, ¿a los demás que más nos da? Déjala, pobrecilla, que disfrute. Le va a venir bien compartir sus cosas con alguien. Además, se la ve muy contenta.

Papá tenía razón. Por una vez y sin que sirva de precedente papá tenía razón. Sólo que mamá no parecía muy dispuesta a verlo de ese modo.

—Claro —continuó ella—. A ti te da lo mismo porque no es tu madre, porque tu padre está vivo, porque no tienes que imaginar la cara que vas a poner si un día viene tu madre y te presenta a un señor diciéndote que es su novio. Imagina. Qué asco. Yo pensaba que seguía pensando en papá.

Mi abuelo murió hace muchos años. Yo ni siquiera había nacido. Lo sé porque mi abuela siempre hablaba mucho de él. Yo sabía que, por mucho que ahora tuviera novio, no había olvidado a mi abuelo.

La presencia de la abuela interrumpió las palabras de mamá. Llevaba su maleta en la mano y se había puesto el pañuelo.

—¿Podríais avisarme un taxi, por favor? —preguntó, sin mirar a nadie en concreto.

Lo hizo papá. Mientras, mamá se sentó junto a la ventana y fingió estar muy interesada por lo que pasaba en la terracita del bar de enfrente. La abuela se acercó a mí y me dio un beso.

—Hasta luego, hija. Me tienes que acabar de contar todas esas cosas sobre ordenadores. A lo mejor me compro uno.

La abracé. Siempre me da pena cuando se marcha la abuela, pero aquella vez todavía fue peor. De alguna manera, estaba esperando a que mamá reaccionara, pero no lo hizo. Siguió igual de ajena a todo lo que sucedía en el salón, no se acercó a besar a su madre y ni siquiera volvió la cara cuando la abuela le dijo:

—No esperaba esto de ti, hija. Me decepcionas mucho.

Después de que se cerrara la puerta, me quedé unos segundos esperando una reacción por parte de mamá: que se fuera detrás de ella, que la llamara desde la ventana, que tratara de detenerla, no sé, cualquier cosa. No pasó nada. Mamá se levantó de su punto de vigilancia junto a la ventana (digo yo que para no ver a su madre alejarse) y sólo dijo:

—¿Qué queréis de postre?

Tenía muchas ganas de llorar. No entendía nada de lo que le pasaba a mamá. Me encerré en mi cuarto y me declaré en huelga de hambre, por lo menos, hasta el día siguiente.

manual para hacer amigas

El día de la macrocena de todos los años amaneció nublado por todas partes. El cielo estaba como si alguien hubiera corrido entre nosotros y el sol una cortina tupida y oscura. Los ánimos de mis padres tampoco estaban muy soleados: mamá y papá seguían de morros por el asunto de la abuela. Por algún motivo que nada más que ella comprendía, a mi madre le parecía fatal que la veterana de la familia se hubiera enamorado y no sólo se encargaba de recordárnoslo cada cinco minutos, sino que además se negaba en redondo a razonar cuando intentábamos decirle que la abuela tenía derecho a hacer con su vida lo que le viniera en gana y que, si lo miraba bien, todo tenía sus ventajas.

—Por ejemplo —dijo papá, dando un respingo, a la hora del desayuno—: ya no tendremos que acompañarla al médico. Irá con su amiguito y listos.

Mamá le lanzó una mirada punzante y respondió, con frialdad siberiana:

—Para mí acompañar a mi madre al médico no era un engorro. Y no hables de su «amiguito», como si fuera un ligue, porque no lo es.

«¿Ah, no? —pensé yo—. Y si no es un ligue, ¿qué es exactamente?»

El resto del desayuno transcurrió en un silencio sólo amenizado por algunas miradas fugaces que papá y yo nos lanzamos por encima de los vasos y como quienes hacen algo malo a escondidas.

De todos modos, yo no estaba dispuesta a dejar las cosas así. Me acordé de aquella vez que mamá me mandó a la tienda y me gasté en tebeos los cinco euros del cambio. La abuela me defendió y llegó a enfrentarse por mí a mamá, que estaba hecha una furia. Me pareció que yo debía hacer ahora lo mismo por ella. Por eso me lancé en su defensa:

—Pues a mí me gustaría conocer al «amiguito» de la abuela.

Es curioso cómo hasta los más experimentados diplomáticos pueden perder los nervios y la compostura en los momentos más inesperados. Mamá lo hizo. Tiró al suelo la servilleta, dejó caer los cubiertos sobre el plato con gran estruendo y se levantó arrastrando la silla mientras gritaba:

—Tú no te metas, Julia. No tienes ni idea de lo que pasa.

—Tengo más idea que tú —repliqué, levantando la voz—. Por lo menos, he escuchado a la abuela en lugar de echarla de casa.

La vi venir. Una mano directa hacia mí desplazándose con gran lentitud por la porción de atmósfera que me separaba de mamá. Todo fue muy rápido, pero yo pude verlo a cámara lenta: la mano avanzando hasta que se estrelló en mi mejilla. Luego, esa sensación de rabia y comezón que sigue a las injusticias de la vida. Me llevé la mano a la cara, observé el ceño fruncido de papá y en ese mismo momento decidí que aquello era una guerra, que si mamá estaba enfadada con la abuela, yo estaba desde ese momento enfadada con mamá.

—¿Tú crees que esto tiene sentido? —preguntó papá, refiriéndose al bofetón.

Debo decir que aquél no era un procedimiento habitual en mamá. Creo que, salvo esa vez, no recuerdo ninguna otra ocasión en que alguno de mis padres me haya pegado. Ante la regañina del cabeza de familia ella se quedó un poco desconcertada. Por un instante pensé que se disculparía, como en otras circunstancias habría sido lo normal en ella. Sin embargo, se limitó a recoger las cosas en silencio y llevárselas a la cocina.

Creo que es la única vez en la vida en que papá y yo hemos formado un mismo bando de oposición contra el inamovible poder establecido de la que más manda en casa.

La cena sólo se aguó a medias. Quiero decir que no empezó a llover hasta la hora del postre. Las fresitas quedaron un poco pasadas por agua, pero por lo demás, la comida estaba buenísima, y papá recibió, como todos los años, la felicitación de todos los comensales, incluidos los directores de todos los bancos y cajas de ahorros de la zona. Pero antes de llegar a esta escena es imprescindible que hablemos de otras cosas.

Por ejemplo, de Elisa. Fue al salir de casa para ir al restaurante de mi padre. No es que pasara algo muy extraordinario. Tropecé con ella en el portal, como en tantas otras ocasiones. Ella llegaba y yo salía. No cruzamos ni media palabra. Tampoco nos miramos. Pasamos la una junto a la otra en ese silencio incómodo que suele acompañar las relaciones de la gente que no se soporta.

Aunque ese día me pareció ver algo raro en ella. No me miraba con esa cara de pizpireta engreída de otras veces. Tenía los ojos enrojecidos, como si estuviera llorando. Cruzaba los brazos a la altura del pecho, llevaba la cabeza baja, muy mala cara y hasta me pareció verla temblar. En ese momento no me pareció la vanidosa chica rubia de los anuncios, sino más bien un pajarito aterido después de una tormenta. Pensé que no podía tener frío, porque a aquellas alturas del verano, con una humedad relativa del mil por ciento y el cielo cubierto de nubes, hacía un calor que ni en un invernadero. ¿Nunca habéis temblado de rabia y nervios? Pues eso fue lo que me pareció que le pasaba a Elisa.

Se lo comenté a Analí, ya en el restaurante.

—¿Y adónde ha ido? —preguntó.

—Ha entrado. Supongo que iba a casa de su hermano.

Se asomó a la cristalera para ver la fachada de nuestra casa.

—Pero si no hay luz.

Supongo que no me esperaba aquel comentario. No supe qué decir. Ella lo resolvió por mí, como casi siempre.

—Voy a ver si la encuentro, ¿te parece?

No sabía muy bien qué me parecía. Analí añadió:

—De todos modos, seguimos necesitando ayuda, ¿no?

No quise decirle a Analí que no me apetecía en absoluto que nos ayudara la pesada del ático. Tampoco tuve ocasión, porque en un abrir y cerrar de ojos, Analí se había marchado a hacer de hermanita de los pobres.

Me entretuve en catar personalmente los platos que papá tenía preparados. La compota de manzana reineta estaba poco dulce para mi gusto. Pensé que a la ensalada yo le hubiera puesto menos nueces y más queso, y que tal vez la hubiera decorado con algo de otro color, por ejemplo aceitunas negras. «Ay —pensé—, la eterna disputa de las aceitunas negras.» Papá y yo solemos discutir por ese tema.

—Yo no le echo a mis platos productos artificiales —suele alegar él.

Eso lo dice desde que alguien le contó que ningún olivo del mundo produce frutas de color negro. Que cuando son de ese color es porque son falsas, es decir, pintadas con productos químicos.

—Qué más te da —suelo decirle yo—, si los salmones tampoco son de color salmón y todo el mundo se los come.

No hay forma de convencerle. Sin embargo, la ensalada quedaría mucho mejor con un toquecito de color en forma de aceitunas negras. Debe de tener razón mamá cuando dice que somos igual de tercos.

Analí regresó al cabo de un buen rato. Ya me había dado tiempo hasta de aburrirme un poco. Traía una expresión a medio camino entre la fatiga y la resignación.

—Elisa tiene problemas serios —dijo, muy misteriosa.

Y como si la solución pasara por una noche de servir platos en una cena vecinal, añadió:

—Dentro de un momento vendrá a ayudarnos. Está lavándose la cara y tomándose un vaso de leche que le ha preparado mi madre.

Aquello me dejó perpleja. Le hubiera preguntado los detalles del drama nocturno de nuestra vecina escultural, pero ya mi padre y el jefe de camareros nos estaban dando las primeras instrucciones sobre cómo servir las bolitas de queso, las croquetas de jamón, las tostaditas de paté y el resto de delicadezas del aperitivo. La calle ya estaba llena de gente endomingada y de curiosos que miraban el tendido desde los balcones, sonaba la murga de la orquesta elegida para la ocasión (la misma de cada año, que no aprendían ni siquiera a fuerza de práctica) y se respiraba un aire festivo que hacía felices a todos los abuelitos del barrio.

Elisa llegó cuando empezábamos a servir la ensalada. Tenía muy mala cara, pero intentaba forzar una sonrisa. Como el jefe de camareros andaba muy atareado en no sé qué preparativos de última hora, le expliqué en un pispás lo que había que hacer. Ella se limitó a asentir con la cabeza y a agarrarse a su primer par de platos como si fuera un náufrago aferrándose a la tabla de su salvación.

Ya estábamos a punto de salir, muy serias, las tres en fila, cuando a Analí se le ocurrió el primer disparate de la noche:

—La primera que vea a un tío guapo, que avise. No vale quedárselo para ella sola.

Fue una de las noches más divertidas de nuestra vida. Y también el principio de una gran amistad.

Nunca hasta el verano pasado había hecho nada a escondidas de mis padres. Si lo hice, y sin el menor remordimiento ni la menor duda, fue porque la ocasión lo merecía. Cogí un tren y me fui a ver a la abuela. Quería decirle que no todo el mundo en casa pensaba igual que mamá, quería dejarle bien claro que yo la apoyaba sin condiciones y, si podía ser, quería que me presentara a su novio. Todo aquello me parecía muy emocionante. Lo que más, ver cómo era el ligue de mi abuela.

Salimos temprano. Digo salimos porque Analí y Elisa me acompañaron. Dijimos que íbamos a la playa, así que nos tocó cargar con las bolsas, las toallas y los mil cachivaches que hubiéramos llevado si nuestra excusa fuera cierta. En la estación nos hicimos un poco de lío con los trenes, pero al final acertamos con el que debíamos coger. Llegamos a casa de mi abuela pasado el mediodía. Ellas se fueron a dar un paseo y, según dijeron, a comer hamburguesas. Yo llamé al timbre y crucé los dedos para que hubiera alguien en casa.

Abrió un señor que no debía de ser mucho más viejo que papá. Nos miramos con mucha atención. Él debía de preguntarse qué hacía allí, observándole de esa forma.

Yo me preguntaba si la abuela habría sido capaz de echarse un novio cuarenta años más joven que ella y las consecuencias que algo así podría tener en su relación con mamá. Antes de que yo pronunciara palabra, aquel señor explicó:

—La señora de la casa ha salido. Volverá en unos tres cuartos de hora.

—Soy su nieta —dije.

—Encantado —contestó, tendiéndome una mano grande y pálida—. Entonces tú eres Julia. Yo soy Salvador. Pasa.

Pasé. Aquel señor tenía un acento extraño, parecido al de uno de los camareros que trabajaba en el restaurante de mi padre, que era del país donde hizo de las suyas el conde Drácula.

«¿Salvador?», pensaba yo. No recordaba que la abuela hubiera mencionado el nombre de su novio.

—Voy a terminar lo que estaba haciendo —dijo—. No es necesario que te diga que estás en tu casa, jovencita.

Nadie me había llamado nunca jovencita pero, a diferencia de otras cosas que suelen llamarme los adultos pesados, aquello no me molestó. Más bien al contrario.

Salvador se marchó en dirección al dormitorio y yo me quedé en el sofá, dudando si poner la tele o si perseguirle hasta la habitación para espiar lo que estaba haciendo. Me quedé con la primera opción.

No hube de esperar mucho. No habrían pasado ni diez minutos cuando Salvador regresó, con la frente empapada de sudor y una sonrisa enorme en los labios.

—Ya está instalado —anunció.

—¿El qué? —pregunté yo.

—Ah, cierto, no te lo he dicho. Tu abuela compró una computadora.

Es verdad. Lo había comentado antes de marcharse.

El hombre siguió explicando.

—Tengo una tienda de material informático.

Ahora es como si fuéramos de la familia, ¿no?, así que le hice un precio especial.

Yo no daba crédito. No me podía imaginar la pareja que debían de formar aquel hombre y mi abuela. Me entraban ganas de preguntarle cuántos años tenía para calcular la diferencia.

No tuve ocasión de hacerlo porque no dejó de hablar ni un minuto:

—Tu abuela es una mujer muy especial —dijo, sentándose en el sillón—. No me extraña que vaya por ahí destrozando corazones.

Ya empezaba a tener ganas de regresar donde mis amigas para contarles todo aquello. Increíble. ¿Mi abuela una rompecorazones? Hasta aquel momento, no lo hubiera creído ni que me lo hubiera jurado media humanidad.

—También se ha apuntado a un gimnasio —dije, por decir algo.

—Sí, le dije que le vendría muy bien ponerse en forma. Hay que cuidarse. Por suerte para ella, me hizo caso. Creo que está encantada y que hasta se siente más joven.

En aquel momento, yo sólo tenía una duda: ¿Qué hacen una mujer de 76 años y un hombre de 45 cuando deciden salir juntos? ¿Van al cine? ¿A la disco? ¿Juegan a rol? ¿Comen hamburguesas? ¿Van a la playa? ¿A un karaoke? ¿Se dan besos largos? ¿O hacen como todos los padres de todas mis amigas: pasean aburridos de la mano, desayunan juntos pero leyendo cada cual su periódico, duermen dándose la espalda, se besan en las mejillas sólo cuando llegan o se van y cuando tienen ganas de juerga alquilan una peli en el videoclub de la esquina? No se me ocurría de qué manera podía estar enamorada mi abuela. Ni siquiera sabía si existen formas de estar enamorado y cada cual se queda con la que más se adapta a su carácter.

—Yo también pienso que le viene muy bien lo del gimnasio —dije.

No niego que empecé a hacerme un poquito la simpática con el novio de mi abuela. Quería caerle bien.

Por eso le dije:

—Me gusta que mi abuela tenga novio.

A él se le escapó un principio de carcajada antes de decir:

—Es fantástico. El amor no tiene edad, ¿sabes?

—Sí, ya lo veo —reconocí.

—De hecho, el amor verdadero no conoce ningún límite.

—No. Sólo el de mi madre, que no lo entiende —dije.

—Peor para ella —siguió él—, porque tu abuela no cambiará nada de lo que crea que debe hacer en su vida.

No sé por qué, pero me gustaba oírle hablar de aquella forma.

—Me gustaría saber qué cara iba a poner mamá si le contara esto.

—¿Esto? ¿A qué te refieres?

—Esto. Que estoy aquí, que te he conocido, que estoy hablando contigo. Ella no quiere saber nada de vuestra historia. Y se pone mala cuando oye hablar de ti.

Me lo podía imaginar: mamá sabiendo que el novio de su madre tenía la misma edad que papá, era de un país extranjero de esos que poca gente quiere saber dónde está y que además tenía una tienda de ordenadores. Creo que Salvador iba a decirme algo, pero en aquel momento se oyó un ruidito metálico en la cerradura y un campanilleo de llaves anunció la llegada de la dueña de la casa. No venía sola. Era fácil adivinarlo porque hablaba y se reía con mucha animación.

Al verme, la primera reacción fue de sorpresa. Estaba claro que no esperaba encontrarme en casa. Enseguida su expresión se volvió de alegría y de cariño. Abrió los brazos y me gritó desde la puerta:

—Dame un abrazo, granujilla. Ya adivino que te has escapado para venir a verme.

Nos besuqueamos como solemos hacerlo mi abuela y yo cuando estamos inspiradas. Me pareció más delgada, más guapa y hasta más joven. Olía a perfume. Un olor dulzón muy rico. Entraban ganas de chuparla.

—Mira, Julia, quiero presentarte a Salvador —dijo ella, muy contenta.

—Ya nos hemos conocido —me adelanté yo, mirando hacia el instalador informático, que puso una cara muy rara, como de pillado in fraganti, sin levantarse del sofá.

En ese momento surgió de detrás de mi abuela, con el mismo misterio con que salen los conejos del interior de las chisteras de los magos, un señor un poquito más alto que ella, de pelo blanco y algo gordito.

—Yo también soy Salvador —se presentó— y aquel de allí es mi hijo.

Debí de ponerme pálida o transfigurar la expresión o algo parecido, porque a mi abuela le dio uno de sus ataques de risa, mientras los otros dos se quedaban pasmados mirándonos.

—No me digas que has tomado a Salva por mi novio —reía—. Pero hija, por favor, ¿qué iba a hacer un chico tan guapo y tan joven con una momia como yo?

Yo no sabía qué decir. Pasé la mayor vergüenza de mi vida. Sólo ahora, con un poco de distancia, reconozco que la situación fue divertida.

—Mi novio es Salvador, el padre —señaló al señor de pelo cano—, que aunque tenga también una edad, es diez años más joven que yo. Soy una mujer muy moderna.

Le di un par de besos a Salvador-padre mientras trataba de apreciar el parecido entre los dos salvadores. Tal vez la nariz tenía la misma forma picuda, no sé.

Me hubiera gustado ver una foto suya cuarenta años antes.

—Te has puesto colorada —dijo la abuela.

¿Cómo encontrar una forma airosa de escapar de todo aquello sin volver a meter la pata? Sólo se me ocurrió una:

—Tengo que ir a hacer pipí.

Y desaparecí como por arte de magia. Encerrarse en el baño suele dar muy buenos resultados cuando no queda otra solución.

Y puede que las mentes sagaces se estén preguntando: ¿qué pasó la noche de la cena? ¿Qué suerte corrieron las tres jóvenes camareras?

Lo que nos pasó esa noche sólo puede resumirse en una palabra: genial.

Teníamos la consigna, por idea de la locuela de Analí, de buscar chicos guapos entre los comensales. Las tres empezamos a servir platos mirando mucho a los señores que esperaban su cena, sentados a la luz de las bombillas de colorines. Después de una primera vuelta ya nos dimos cuenta de que aquello iba a ser difícil de verdad. La edad promedio de la gente congregada alrededor de las mesas era de unos cincuenta años. No parecía haber nadie, ni por casualidad, más joven de veinte. Al final, dimos con una docena, como mucho. De entre éstos, más bien abundaban los del tipo «miraquéguaposoy». No sé si me explico: esa clase de chicos que creen que porque llevan una camiseta que les queda pequeña y un litro de gomina en el pelo ya son irresistibles. Descartados los gordos y los escuchimizados. A ésos ni mirarlos. De los restantes, tal vez sólo uno o dos merecían nuestras atenciones. Nos pasamos la noche discutiendo (no en serio, claro) acerca de quién se acercaba a llevarles el plato. La guerra era contra Elisa, por supuesto, porque Analí y yo sabíamos que una vez apareciera la chica diez, nuestras posibilidades de gustarle al objetivo estaban acabadas. Al final, claro, pasó lo peor: Elisa tropezó y echó por encima de la estupenda camiseta marca Casto de uno de ellos el pastel de queso con salsa de arándanos con su compota caliente de manzana reineta. La bronca fue monumental. Hasta mi padre tuvo que intervenir. El guapo resultó ser un idiota que gritó un buen rato, pidió que le pagáramos la camiseta y luego se marchó a su casa, muy indignado.

—Lo he hecho por vosotras, niñas —se disculpaba Eli, riendo en la cocina—, para que no tuvierais que preocuparos por mí.

Si pensáis que las tensiones entre Eli y yo se fueron disipando a lo largo de la noche, estáis en lo cierto. A fuerza de servir platos, de lanzarnos miradas y de reírnos (sobre todo esto último), conseguimos, no sólo olvidar nuestras antiguas rencillas, también que Eli no se acordara más del motivo que la tenía triste antes de la cena.

—Oye, Julia —me preguntó cuando ya habíamos terminado, mientras escuchábamos con espanto los berridos del cantante de la orquesta—, ¿cómo es que eres tan simpática si antes eras tan borde?

—Es que antes me caías fatal —le expliqué—: pensaba que te gustaba Britney Spears.

—Puaj. ¿De verdad? Así cualquiera. ¿Y vas pegando a la gente a quien le gusta Britney Spears?

Intenté ponerme muy seria para contestar, pero creo que no lo conseguí demasiado:

—Por supuesto.

Los comensales se habían marchado hacía rato, ya estaba casi todo recogido, los manteles de papel en la basura y los camareros despidiéndose hasta otro día, y nosotras tres seguíamos riéndonos a carcajadas.

—Bueno, niñas —nos reclamó mi padre—, que ya son horas de irse a la cama.

¿A la cama? Nosotras estábamos inaugurando una amistad. «Que se vayan a la cama los que no tienen amigos con quien reírse», debimos de pensar al unísono.

—Un poco más, papá —rogué yo, con mi mejor

tono de niña buena (suele ser infalible: hago con él lo que me da la gana).

—Pues entrad y os invito a un chocolate con churros —dijo mi superenrollado padre.

Buena idea. Nos levantamos a la velocidad del rayo. Un chocolate caliente es la mejor pócima que se conoce para sellar una amistad verdadera. Eso lo saben hasta los gatos.

si no me miras exploto

Aún quedaba por pasar lo peor de las fiestas: Mike Pita. Las entradas estaban agotadas desde tres días después de ponerlas a la venta. Analí intentó convencer a la comisión de que sería muy rentable que su cantante favorito ofreciera un segundo concierto en el barrio pero a Mollerusa aquello ya le pareció excesivo.

—Así dormiría cerca de mí, qué emoción —me dijo mi amiga en un momento en que nos quedamos solas.

Debo confesar que yo no acababa de entender qué tenía de emocionante que Mike Pita durmiera cerca de nosotras. Lo aclaré todo cuando Analí, mirando una de las fotografías de Pita que adornaban las paredes del local de la comisión de fiestas, suspiró y dijo, muy bajito (pero yo pude escucharla):

—¿Por qué habré tenido que enamorarme de él?

Aquello me sorprendió. ¿Otro enamoramiento? ¿Era una epidemia? ¿Se contagiaba a través de las vías respiratorias? ¿Se estaba igual de enamorado si te gustaba un señor de pelo blanco que un cantante horrible con rizos? ¿Se considera enamoramiento cuando es de una persona a la que no conoces de nada?

Mis pensamientos me llevaron a Arturo. Según

mamá, también yo formaba parte del sector de la sociedad afectado de aquella extraña plaga. Sin embargo, yo me veía incapaz de mirar a Arturo, suspirar y pronunciar una frase como la que acababa de escucharle a Analí. En fin. Qué lío.

—¿De verdad estás enamorada? —le pregunté cuando tuve ocasión.

—Te lo juro —dijo ella.

—¿Y qué se siente?

—No sé. Como ganas de escaparme de casa.

—El otro día nos escapamos a ver a mi abuela, y yo no estoy enamorada.

—Me gustaría poder ir a verle y decírselo, pero mis padres no me dejarían. No me pasa siempre, sólo de vez en cuando.

Un enamoramiento siempre complica un montón las cosas. De eso me di cuenta por primera vez el verano pasado.

—¿Podremos ir a saludarle al camerino? —le preguntó a Mollerusa.

—No lo creo. Le acompañan cuatro guardaespaldas, además del dispositivo de seguridad que nosotros tenemos previsto. Son muy rigurosos con las visitas, no quieren arriesgarse, según nos ha dicho su representante.

—¿Y si decimos que somos del servicio de bar? —exclamó, como si acabara de tener una ocurrencia única.

La miré con severidad.

—Pero ¿tú eres tonta o qué?

Analí parecía desolada.

—No me digas que va a estar aquí Mike Pita y no voy a poder ni verle —susurró.

Pensé que iba a empezar a hacer pucheros de un momento a otro. También pensé que aquel asunto requería de mi intervención urgente. La intervención de Julia, la más rápida del Oeste. Tal vez no conseguiría nada, pero por lo menos podía intentarlo. Le pedí a Mollerusa el teléfono de la representante del ricitos de oro y empecé a maquinar un plan.

De mi viaje a casa de la abuela no le dije nada a mamá. Desde aquello del bofetón, nuestra comunicación había empeorado mucho, y ya sólo hablábamos para decirnos lo más imprescindible, y a veces ni eso. No me gusta la gente que no razona. Lo sé bien porque cuando me lo propongo soy muy poco razonable.

A papá tampoco le dije nada, aunque puede que él hubiera entendido qué motivos tuve para hacerlo. En casa, las cosas seguían igual: mamá se había vuelto no dialogante, no razonable, no diplomática y, en general, poco o nada sensata y seguía erre que erre; papá fingía que no le importaba (pero no era verdad y yo lo sabía y creo que mamá también) y andaba de un lado para otro con cara de no querer enterarse de las cosas; yo intentaba capear el temporal de la mejor manera porque, de hecho, no me quedaba otro remedio. A los once años, si no te gusta lo que pasa en casa, no tienes muchas opciones. De la abuela, ni se hablaba. Mamá había dejado de telefonearla y no quería saber nada de ella. Y si alguna vez papá se entrometía y preguntaba:

—¿No deberías enterarte de cómo está tu madre?

Mamá era tajante:

—Cuando se canse de salir a ligar ya recordará dónde está su verdadera familia.

Mi padre y yo nos mirábamos en silencio, intentando encontrar un modo de hacerla cambiar de actitud, y ella susurraba, como para sí misma:

—Supongo...

Desde que supe lo del enamoramiento entendí un poco más los engaños de Analí con respecto a su adorado Pita. Y, como yo no era nadie para desvelar una verdad que la afectaba tanto, decidí pedirle ayuda a Elisa siguiendo con nuestro juego de mentiras.

—Yo no entiendo qué ves en ese tío, de verdad —decía ella, atónita.

—No sé —me justificaba yo—, yo tampoco puedo explicarlo muy bien.

Elisa parecía mayor en todos los sentidos. También sabía echarle más cara a la vida, si era necesario. Por eso busqué su colaboración cuando tuve que llamar a la representante de Mike Pita. «Seguro que ella sabrá hacerlo mejor que yo», pensé. Y no me equivocaba en absoluto.

—Dame el número —dijo, resuelta, mientras sacaba del bolsillo su teléfono móvil. (Qué envidia: en mi casa no querían ni oír hablar de comprarme uno.)

Le entregué el papelito que me había dado Mollerusa.

Elisa marcó con la seguridad de quien sabe qué tiene que hacer en todo momento.

—Hola, quisiera hablar con Anabel Mercucio. Gracias —unos segundos de silencio en que nos miramos fijamente—. Hola, Anabel, soy Elisa Ramírez.

Me han dicho que eres la representante de Mike Pita. Yo formo parte de la comisión organizadora del concierto de pasado mañana en... —me miró como diciendo: para conseguir algo no viene mal una mentirijilla inocente—, ¿ya sabes de qué te hablo? Genial. ¿Mi nombre? Elisa. Ramírez, sí. —Otro silencio en el que Eli abrió mucho los ojos, como si le estuvieran diciendo algo increíble—. ¿Cómo? ¿Belita, eres tú? Pero, ¿qué haces ahí? ¡Menuda sorpresa, tía! ¿Dejaste lo de los anuncios de compresas? Pero, ¿por qué? ¡Hala, hala, hala! Pues no, por la voz no te había reconocido. Sí, claro que sí. Pues verás, yo quería pedirte un favor, pero ahora todo será mucho más fácil. Bueno, escúchame antes de decirme que sí, ¿vale? Es para una amiga mía. Se muere por conocer al Pita ese canijillo al que tú representas, pero le dicen que la seguridad no le dejará pasar y no sé cuántas cosas más, ¿tú puedes hacer algo? Claro que estaremos allí. ¿Al principio o al final? Mujer, mejor al principio, que olerá menos a sudor, ¿no? Jajaja. A mí me da igual, pero ella se morirá del susto cuando se lo diga. Al final, entonces. Muy bien, allí estaremos. Un beso, Bela, qué alegría encontrarte. Nos vemos pasado mañana.

Colgó con expresión triunfal. No era para menos.

—Pasado mañana te vas a morir de gusto cuando tu Mike Pita te dé dos besos —dijo Eli, con una sonrisa de anuncio (nunca mejor dicho).

«Pasado mañana Analí se va a morir de gusto cuando su Mike Pita le dé dos besos —pensé—. Qué fáciles son las cosas cuando se conoce gente.»

Antes del concierto aún tenían que pasar algunas cosas importantes. Una de las principales fue tropezarme con Arturo en el ascensor y subir con él hasta mi casa. Fue un trayecto que no duró ni un minuto, pero fue suficiente para que cambiara todo.

—Ya me he enterado que mi hermana, tú y la niña china os habéis vuelto inseparables —dijo, enseñándome una fila de dientes blanquísimos.

Tenía un moreno precioso. Llevaba una camiseta preciosa. Todo en él me parecía bien. Continuó:

—Así que ahora supongo que nos veremos más, ¿no? Si queréis venir a casa a escuchar música o a tomar el sol, no tenéis ni que decírmelo.

Aquella proposición me encantó. Ir a su casa, glups, qué emoción. Como no sabía qué decir, le solté a bocajarro la pregunta que más me importaba en aquel momento.

—Oye, ¿a ti te gusta Britney Spears?

Sonrió mirándome por el rabillo del ojo. No sé cómo se las apañaba para ser tan guapo, de verdad.

—Sí —respondió—, un poco. Pero no se lo digas a nadie, ¿vale? Hay gente que la encuentra horrorosa.

—Te... te lo prometo —balbuceé.

Cuando salí del ascensor me di cuenta de que me temblaban un poco las rodillas. Nunca antes me había pasado. Se despidió de mí agitando la mano y diciéndome que me esperaba en su piso. Demasiado para un mismo día.

Antes de entrar en casa llegué a una conclusión lógica: si el corazón me latía con más fuerza que nunca, si mis rodillas seguían sin obedecerme, si cerraba los ojos y veía la hilera de dientes de Arturo y si, encima, ya no me importaba que le gustara Britney Spears, eso debía querer decir que mamá tenía algo de razón. También yo había caído víctima de la epidemia del verano: el enamoramiento crónico. Socorro.

—No le digas nada a Analí —le pedí a Eli la noche del concierto—, quiero ver la cara que pone cuando me vea con Pita.

—Tranquila. Guardaré tu secreto —dijo ella.

Menuda sorpresa se iba a llevar cuando descubriera que a mí Pita me gustaba menos que las alcachofas, los espárragos y los salmonetes juntos. Es decir: nada de nada.

El concierto transcurrió según lo esperado. Mucha gente, muchos vasos por el suelo, muchos gritos de emoción, mucho mercadillo ambulante (todos vendían chucherías con Pita como protagonista) y mucha locura colectiva. Yo sólo me preguntaba una y otra vez: «¿Cómo puede tanta gente estar equivocada al mismo tiempo?»

Pita llegó y triunfó. Cantó las doce patéticas canciones de su único y horroroso disco, a todo el mundo le pareció fabuloso y en los bises tuvo que repetir las dos primeras por la sencilla razón de que aquel lamentable musiquillo tenía un repertorio más corto que las patas de un caracol. Desafinó mucho, movió la cadera aún más, sudó la camiseta y se despeinó lo justo, porque los meneos no parecían afectar demasiado a sus ricitos de príncipe de cuento. Al final, saludó varias veces y se fue, dejando a centenares de fans profundamente desoladas.

Entre ellas Analí, que no podía asumir que su idolatrado cantante se fuera a marchar sin ella haber tenido la ocasión de pedirle un autógrafo. Tenía cara de funeral y creo que hacía esfuerzos por no empezar a berrear de un momento a otro.

Ya empezaba a marcharse la gente cuando Eli dijo:

—Venid chicas, quiero enseñaros una cosa.

Salimos del recinto y rodeamos la estructura. Por todas partes se amontonaban ese tipo de admiradoras fanáticas que con tal de ver cinco segundos a su ídolo son capaces de pasar ocho meses al raso.

Eli nos guiaba con la seguridad que en ella era habitual mientras se dirigía a la caseta prefabricada que servía de camerino para el cantante, sus bailarines y las chicas del coro.

—¿Adónde vamos? —preguntaba Analí.

Yo intentaba disimular como mejor me salía:

—No tengo ni idea. Eli sabrá.

Dejamos atrás a los fans y a algunos guardias de seguridad. Cuando llegamos a la zona de acceso restringido, Eli le preguntó a un vigilante si podía avisar a Anabel. Enseguida apareció una chica de unos veinte años, embutida en un conjunto de *lycra* negra que resaltaba una figura perfecta. Llevaba los labios pintados de color violeta.

—Hola, Eli —saludó—. Podéis pasar. Os está esperando.

—¿Quién nos está esperando? —quería saber Analí, que tal vez empezaba a olerse algo.

Seguimos a la chica de los labios violeta por entre un laberinto de cables, sillas, focos y personas que iban de aquí para allá. Anabel subió la escalerilla de una de las casetas y nosotras fuimos tras ella. Cuando nos detuvimos apreciamos bien clarito en la puerta, rotuladas dentro de una estrella, las letras de un nombre: Mike Pita. A Analí por poco le da un vahído.

—No me digáis que vamos a...

Pero no pudo terminar la frase. El mismo Pita abrió la puerta, con la misma expresión de alegría que había mantenido en el escenario durante más de dos horas. Llevaba un albornoz y tenía el pelo mojado. Nos invitó a pasar y nos ofreció una coca-cola.

—Estas chicas son de la comisión de fiestas —nos presentó Anabel.

—Unas más que otras —se apresuró a puntualizar Eli—. En realidad, la culpable número uno de que estés aquí es...

Me adelanté. Tuve que hacerlo. Señalé a Analí.

—Es ella. No creo que tengas dos admiradoras así.

Analí sonreía sin parar, parecía que le hubiera dado algo.

—Pero... —Eli me miró, desconcertada.

Me limité a encogerme de hombros. Tal vez ahora empezaría a comprenderlo todo. Le hice un gesto con la mano que quería decir algo así como: «En otro momento te lo explico.»

—Pues te lo agradezco mucho... —dijo Mike, sentándose frente a nosotras en una silla de tijera—, ¿cómo te llamas?

—Analí.

—Qué bonito —dijo—, ¿es un nombre extranjero?

—Medio chino y medio español. Nací en China. Soy adoptada.

—Ah, vaya. Qué guay ser china.

La conversación corría peligro de extinción si seguía por ese camino. Me apresuré a desviarla:

—¿Has disfrutado en el concierto? —le pregunté.

—Desde luego —contestó él—. Ha sido uno de los mejores de mi carrera. Eso os lo tengo que agradecer a vosotras.

—A ella —dijimos Eli y yo a un tiempo, señalando hacia Analí.

Analí enrojeció:

—No... no tiene ninguna importancia.

Menos mal que Pita resultó ser más simpático que buen cantante. No sólo nos regaló un disco, se hizo fotos con nosotras (sobre todo con Analí) y charló durante un rato con las tres sino que, además, prometió volver en cuanto tuviera ocasión y volviéramos a invitarle.

—Gracias por todo, Anabel —se despidió Eli de su amiga, la de los labios violeta.

—Cuando quieras, ya sabes dónde encontrarme.

Después de los besos de despedida, después de cruzar la zona de acceso restringido y de perder de vista la estructura metálica del antiguo mercado, Analí seguía con su cara de alucinada. Cuando llegábamos a casa nos dijo:

—Mañana pensaré que lo he soñado.

Ajá, allí estaríamos nosotras para recordarle que todo había sido verdad. Que nos habíamos tragado un concierto entero del peor cantante de la historia de la música moderna con tal de que ella cumpliera un sueño. Y que, además, le había visto en albornoz. No muchas fans podían decir eso. Lo que hay que hacer por las amigas.

Lo sabía. Sabía que tarde o temprano mamá tendría que bajarse del burro y reconocer que se estaba comportando mal con papá y conmigo. Al fin y al cabo, nosotros no teníamos la culpa de nada y sólo éramos unos pobrecillos sufridores que le teníamos que aguantar sus malos rollos y sus peores caras.

Las maniobras de aproximación por su parte empezaron al día siguiente al concierto, cuando en un tono que no tenía nada que ver con el de los días anteriores, preguntó:

—¿Qué tal lo pasaste anoche, cariño?

La miré como un biólogo miraría a una nueva especie de mosquito. Ese calificativo («cariño») la ponía en evidencia: quería reconciliarse.

Antes de responder estuve valorando todas las posibilidades: ¿daba por terminada la guerra o continuaba yo también con la cara larga y las palabras escasas? Decidí que olvidaría todo lo que había pasado entre nosotras (más o menos) si me pedía disculpas por haberme dado un bofetón sin ningún motivo. La verdad, no sé por qué dudo de mamá, porque a pacificadora no la gana nadie.

—Bien —respondí.

—Mira... hija... Ya hace días que quiero decirte algo —dijo.

La dejé continuar sin decir nada.

—Lo del otro día. La bofetada que te di. Sabes que no es mi estilo, hija.

Lo sabía. De sobra lo sabía. No dije nada. Ella continuó:

—Estaba nerviosa y creo que lo pagaste tú. Lo siento, Julia, me gustaría que me perdonaras.

Cualquiera no se enternece ante algo así. La perdoné ipso facto, por supuesto. Nos dimos besitos de reconciliación y pronunciamos frases de esas cursis que en las películas yanquis suelen guardarse para el momento del desenlace. En pleno entusiasmo besucón aproveché la oportunidad para pedirle algo:

—Prométeme que intentarás arreglar las cosas con la abuela. De la misma manera que tú no quieres estar mal conmigo, tampoco ella se siente bien si tú no le hablas.

Por un momento, volvió la cara anterior a nuestra reconciliación. Sólo que duró poco.

—Ese asunto es más complicado, hija —dijo.

—Venga, mamá, tú siempre has sabido resolver lo fácil y lo difícil. Esfuérzate un poquito.

Sabía que la frase anterior le iba a gustar. Puso cara de resignación y me dijo:

—De acuerdo, te lo prometo. Pero también dependerá de ella, supongo.

—Claro.

—Pues lo intentaremos. ¿Contenta?

Sí. Contenta. Y mucho. Tanto que propuse:

—¿Nos vamos a la terracita del bar de abajo a tomar un helado enorme?

Qué gracioso. Precisamente fue ayer cuando Eli, Analí y yo volvimos a esa terraza. Alguien nos dijo que se nos veía muy unidas y quiso saber cómo nos habíamos conocido. Nos lo pasamos en grande contándole todo, desde que quitaron los andamios. Bueno, todo, lo que se dice todo, no se lo pudimos contar, pero sí suficientes cosas para pensar que no estaría mal poner nuestras experiencias por escrito. Y también lo suficiente para darnos cuenta de que en lo fundamental, las tres coincidimos. Por ejemplo, estoy segura de que si alguien nos preguntara, una a una y por separado, qué es lo que más valoramos en la vida, las tres contestaríamos lo mismo: la amistad. Ninguna de las tres tiene muchas amigas. Sin embargo, sabemos de sobra que podemos contar con las mejores del mundo, que somos nosotras.

Porque, por si a alguien le interesa, nosotras somos mucho más que amigas: somos inseparables.

Barcelona, invierno 2002-2003

índice

LEE
EL PRÓXIMO TÍTULO DE

inseparables
para siempre
Care Santos

SÉ TÚ MISMA

CAPÍTULO avanzado

La vida no es
como en los anuncios

Os habéis fijado alguna vez en cómo nos quieren hacer creer que es la vida en los anuncios de la televisión? Los chicos son guapos y tienen los dientes perfectos, las casas son amplias, los suelos siempre están brillantes, los detergentes hacen milagros (y las lejías y los dentífricos y las aspirinas), los niños dicen frases propias de un superdotado, las familias siempre son felices y sonríen todo el rato y si te compras un coche seguro que ligas y que tu vida se vuelve espectacular para siempre.

No sé la vuestra. Mi vida no se parece en nada a los anuncios. Mis padres, quietos, juntos y, sobre todo, calladitos, podrían dar el pego. Son guapos, altos, delgados y visten bien, sí. El problema (siempre hay uno, como mínimo) es que jamás jamás jamás se les ve juntos. Papá es banquero. Banquero de los importantes. De los que tienen reuniones en cualquier sitio del mundo, tiene tres teléfonos móviles, utiliza trajes hechos a medida, jamás cambia de peluquero y nunca llega a la hora de cenar. A veces (muchas veces) ni siquiera llega a la hora de dormir. Su vida transcurre de reunión en reunión y de hotel en hotel y si no fuera porque de vez en cuando llama por teléfono para preguntar cómo va todo pensaría que ni se acuerda de que una vez tuvo un hijo y una hija. Cuando llama siempre suele hacernos las mismas dos preguntas: Si hemos comido y qué tal los estudios. Parece que no hay nada de nuestras vidas que le interese, además de lo alimenticio y lo escolar. Una aclaración: su forma de vida ha sido ésta desde que yo tengo uso de razón, así que no echo de menos nada más porque esto es todo lo que he conocido. Si de repente mi padre decidiera comportarse como el de los demás, se comprara unas zapatillas, cenara cada noche con nosotros y se echara en el sofá a dormitar las noticias, creo que ninguno de nosotros podría resistirlo. A veces mamá bromea con respecto al día de la jubilación de su marido. Suele decir que no sabe cómo harán para no divorciarse. Yo pienso lo mismo. Y lo que es peor: pienso que mamá no bromea cuando habla de eso.

Mamá es otra cosa. Mamá pasa de todo. No es una egoísta. Es que vive de cara a los demás, demasiado preocupada por lo que todo el mundo piense de ella (o de nosotros, no sé). En teoría, es ama de casa. Digo en teoría porque si no fuera por Vicenta no sé cómo comeríamos todos los días. Vicenta es la asistenta. Trabaja en casa desde que yo nací y es como de la familia. Mamá se pasa todo el día fuera, ocupada en sus muchas cosas inaplazables. Cualquiera que la oiga pensará que tiene muchísimo trabajo. Por la mañana, sus clases de padel y de alemán. Por la tarde su yoga, su tai-chi, su bridge. Los fines de semana, su golf. Pasa más horas en su gimnasio hiperexclusivo sólo para mujeres que en casa. Por cierto, yo también soy socia de ese sitio, muy a mi pesar (ya le dije a mi madre que no malgastara ese dinero conmigo, pero ni caso), porque no voy nunca. Todo lo que hay allí me parece repulsivo. Demasiadas ricachonas juntas en tan poco espacio. No soporto sus conversaciones en la sauna, en la piscina, en el bar, en la sala de máquinas, en cualquier parte donde pongan los pies: sólo saben hablar de maridos, de peluqueros, de salones de belleza, de modistos, de chalés en la costa y de muchas de esas cosas que no hacen ninguna falta para vivir. Es repugnante. Mamá, en cambio, se encuentra allí como pez en el agua. Lo peor es que, como consecuencia de eso, todas sus amigas son socias del gimnasio en cuestión. Es decir, tan atontadas, ricas e insustanciales como mi madre.

Luego está mi hermano Arturo, que es el más inteligente de todos: acaba de irse de casa. Con unos ahorros que mis padres habían reservado para él y con lo que gana todos los meses creando páginas web, consiguió comprar un estudio en un barrio completamente distinto al nuestro. Un lugar de calles estrechas, mucha vida en la calle, vecinos de toda la vida junto a otros de esos modernos que van buscando el diseño y la novedad y por aquí y por allá algún que otro monumento con un montón de años de historia.

Si mi hermano no hubiera comprado ese piso, esta historia que he empezado ya a contaros no hubiera sido ni la mitad de interesante, divertida y maravillosa. ¿Por qué? Pues por la sencilla razón de que allí conocí a mis dos mejores amigas. Y que gracias a ellas aprendí un montón de cosas. La primera de todas: que a veces la amistad puede salvarte la vida. A mí me pasó. Y que cuando tu vida está a salvo, ya no ves las cosas tan negras: dejas de ver a tu madre como si fuera una extraterrestre y hasta aprendes a verle las cosas buenas a un padre que trabaja mucho más que ninguna de las personas que conoces. Todo esto fue el verano pasado. Os lo voy a contar por partes.

Todo el piso de mi hermano cabría en la cocina de casa de mis padres. Eso es lo primero que pensé cuando lo vi, un poco extrañada de que hubiera alguien capaz de vivir en tan poco espacio. Y también de que un sitio tan pequeño estuviera tan bien aprovechado. La cocina y el salón eran una misma cosa, sólo separados por una barra como de bar. En el baño no cabían más de dos personas a la vez. Una escalera de caracol comunicaba con la parte superior, donde en un espacio diminuto mi hermano había instalado su ordenador y, al lado de una puerta por la que se salía a la terraza, un par de estanterías repletas de tebeos. La terraza sí era un verdadero lujo. No por las vistas, porque los edificios no dejaban ver el mar, que estaba allí mismo, y porque lo único que se distinguía con nitidez eran las antenas de los demás vecinos, todas encaramadas como gatos a los tejados. Gatos también había, por cierto, y no pocos. De todos los colores y tamaños. Aquello me acabó de convencer. Soy una gatoadicta. O una gatofílica. Adoro todo lo que tenga que ver con los gatos. Y tengo uno en casa, claro. Bueno, de hecho es una gata. Negra, como las de las brujas, muy guapa, muy cariñosa (eso de que los gatos no son cariñosos sólo lo dicen los que odian a los gatos) y muy lista. Se llama Roxi. Hasta el verano pasado pensaba que ella era la única criatura sobre la faz de la tierra capaz de comprenderme y quererme como soy. Pero os hablaba de la terraza del piso de mi hermano. Digo que era un lujo porque allí se podía tomar el sol a todas horas, sin que te viera demasiada gente, y también organizar fiestas por las noches, bailar, invitar a los amigos. Arturo había pensado lo mismo que yo, porque nada más verme la cara me dijo:

—Menudas fiestas vamos a organizar aquí, eh Lisa.

Creo que debería hablaros de mi nombre, para evitar que, como algunas personas, os hagáis un lío. Mi hermano siempre me llama Lisa, como acabáis de comprobar. En realidad, mi verdadero nombre, el que aparece en mi carné y en mi partida de bautismo, es Elisa. Un nombre que odio, por cierto. ¿Hay alguien a quien de verdad le guste su nombre? A mí no, desde luego. Pero si puedo escoger, prefiero que me llamen Eli. Ya sabéis. También hay quien hace excepciones, como mis dos inseparables, que a veces me llaman Gorda. Es algo que no le toleraría a nadie, pero a ellas se lo consiento todo, y ellas lo saben. Si alguien siente curiosidad, aclaro que nunca he estado gorda y que espero no estarlo nunca.

Aunque a veces pienso que tal vez tener algunos michelines facilitaría algunas cosas. Por ejemplo, seguro que me libraría del pesado de Guillermo, uno de mi clase que nunca se cansa de agobiarme, perseguirme, contarme cosas que no me interesan, llamarme por teléfono y hasta esperarme a la entrada de mi casa por si se me ocurre salir en cualquier momento. Es eso que llaman un moscón, un pesado, un pelmazo que no entiende que me cansa con ese seguimiento como de detective privado y a quien ya no sé como decirle que no, que jamás, que nunca, que de ninguna manera voy a querer ir con él a ninguna parte, ni quedar para salir ni ir a tomar algo al bar de la esquina.

A veces me pregunto qué hubiera pasado si Guillermo no fuera tan persistente, y no llego a ninguna conclusión clara. Feo no es, eso hay que reconocerlo. Tiene unos ojos muy bonitos, es el más alto de su clase y a su cuerpo sólo le faltan algunos abdominales de vez en cuando para ser casi perfecto. Lo peor es que siempre le puedes encontrar revoloteando a mi alrededor, haciéndose el simpático, o el interesante o el que no quiere la cosa o todo a la vez. Un consejo muy útil que les doy a todos mis amigos cuando se cuelgan de alguna chica: sobre todo, que ella no se dé cuenta. Más aún: que ella crea que estás enamorado de otra o que no le interesas en absoluto. Es un truco que funciona también al revés. Es decir, con los chicos. Probadlo y veréis.

No sería justa, sin embargo, si no reconociera que a veces me aproveché de Guillermo. Todas las chicas a las que las acosa un moscón lo hacen, no penséis que soy una malvada. Es normal. Sobre todo en aquellos días de mi crisis familiar. De algún modo, le utilicé para escapar de mi madre, de mi casa, de mis cosas y de todo lo que no tenía ganas de hacer. Sabía que él intentaría hacer cuanto le pidiera. Por eso le pedí que me invitara a alguna parte, que llamara a mi casa contando alguna mentirijilla inocente y no sé cuántas cosas más, que ya os explicaré cuando la historia lo requiera. Guillermo no se negó, como yo sabía que pasaría. Cuando ahora lo pienso me siento un poco mala, un poco aprovechada. Éste también es un consejo que les doy a mis amigos enamorados: Nunca hagáis todo lo que os pida una chica. Hacernos demasiado caso es un método casi infalible para que perdamos todo interés.

Voy a terminar esta breve presentación de los personajes y la protagonista de esta historia (que soy yo) contando cómo fue la fiesta de inauguración de piso de mi hermano. Como siempre, fue una de esas fiestas que organizan cuantos me rodean en las que ellos se lo pasan genial y en las que yo me siento más desplazada que la paloma de la paz en un bombardeo. Como siempre me pasa lo mismo, ya no me extraño. Me limito a sentarme en un rincón y a mirar cómo los demás se divierten. ¿Por qué siempre me aburro?, tal vez os estéis preguntando. Pueden darse diversas causas: que no haya nadie de mi edad, que nadie me dirija la palabra en toda la noche, que la música sea un desastre o que todo lo que haya para comer tenga un mínimo de tres millones de calorías. A veces también se dan todas las circunstancias a la vez, como fue el caso de la fiesta de mi hermano. Además, la noche era fresca para estar a finales de junio y yo aparecí con mi camiseta de tirantes nueva y mis pantalones cortos blancos. Me estaba congelando. Para colmo, a eso de las once empezó a llover. Hubo una fuga general hacia el salón (que se convirtió en algo así como un hormiguero) pero la gente no pareció desanimarse en absoluto. Siguieron bailando y riendo, más estrechos que sardinas de lata. Quería quedarme a dormir allí, pero cuando intenté alcanzar la cama de mi hermano me encontré con una sorpresa monumental: Arturo estaba en conversaciones, digamos muy personales, con una pelirroja a la que hasta ese día no había visto jamás.

Decidí marcharme a casa porque no me dejaron otra opción. Creo que nadie se dio cuenta de que me iba. También eso suele pasarme a menudo. Yo sólo importo mientras llega la gente, porque como tema de conversación no estoy mal:

—Así que esta es tu hermana, la chica de los anuncios. Pues se te ve mucho más guapa y mucho más delgada en persona.

Suelen hacerme dos o tres preguntas tópicas

y luego se marchan a comer, a beber o a saludar a la gente nueva que va llegando. Algunos tratan de darme conversación. Luego, ante mi silencio y mi cara de no estar ni bien ni mal, optan por fingir que no me ven. Un rato más y terminan por no verme de verdad. No es que me importe. A veces el ser invisible resulta una enorme ventaja. También están los demasiado simpáticos:

—Fíjate, es la chica del anuncio de los vaqueros, ¿te acuerdas? Ese en el que explota la gasolinera. Pues resulta que es hermana de Arturo, mira qué callado se lo tenía, una hermana famosa y no nos dice nada hasta hoy.

Aquella noche, después de tanto escuchar a Britney Spears —la cantante favorita del lamentable de Arturo— y de tanto mirar a los grandullones de sus amigos bailar con un vaso en la mano, sólo me faltaba el numerito aquel de la pelirroja. En realidad no fue tan grave: sólo se estaban besando. A oscuras y muy acaramelados, como debe ser. Más bien lo que pasó fue que yo no tenía ganas de dar explicaciones (ni que me las dieran) y mucho menos de entrar en presentaciones. Cerré la puerta sin que me hubieran visto y desaparecí. Así de fácil.

Caminé hasta casa. Es una locura. Más de una hora y cuarto de camino a buen paso. A veces lo hago. Cruzar la ciudad de cabo a rabo. Me ayuda a despejarme. Me permite pensar en mis cosas y saber que la vida es distinta a todos los anuncios que conozco. Por lo menos mi vida de entonces. No sabía yo hasta qué punto podían cambiar las cosas en sólo unas pocas semanas. Y todo gracias a Julia y a Ana-Li. Muy pronto os hablaré de ellas. Mis dos mejores amigas.

inseparables

Rachel Vail

Títulos publicados:

SI TÚ SUPIERAS...

TIENES QUE ENTENDERLO

¡ME DA IGUAL!

¿PARA QUÉ ESTÁN
LAS AMIGAS?

¡PREFIERO PERDER!

ME GUSTAS TÚ...